Como funciona a

INTERPOL:

Organização Internacional de Polícia Criminal

LEANDRO MIRANDA ERNESTO

Como funciona a

INTERPOL:

Organização Internacional de Polícia Criminal

Brasília

2023

Creio que a transcendência é, talvez, o desafio mais secreto e escondido do ser humano. Porque nós, seres humanos, homens e mulheres, na verdade, somos essencialmente seres de *protest-ação*, de ação de protesto. Protestamos continuamente. Recusamo-nos a aceitar a realidade na qual estamos mergulhados porque somos mais, e nos sentimos maiores do que tudo o que nos cerca. Desbordamos todos os esquemas, nada nos encaixa. Não há sistema militar mais duro, não há nazismo mais feroz, não há repressão eclesiástica mais dogmática que possam enquadrar o ser humano. Sempre sobra alguma coisa nele. E não há sistema social, por mais fechado que seja, que não tenha brechas por onde o ser humano possa entrar, fazendo explodir essa realidade. Por mais aprisionado que ele esteja, nos fundos da Terra, ou dentro de uma nave espacial no espaço exterior, mesmo aí o ser humano transcende tudo. Porque, com seu pensamento, ele habita as estrelas, rompe todos os espaços. Por isso, nós, seres humanos, temos uma existência condenada – condenada a abrir caminhos, sempre novos e sempre surpreendentes.
(Leonardo Boff)

Agradecimentos

Uma caminhada como esta não se faz sozinho e muitos foram aqueles que contribuíram de alguma forma.

À minha esposa Nádja, e aos meus filhos Davi e Mateus – razões da minha vida, sem os quais nada teria sentido –, pelas infindáveis horas de estudo roubadas de seus convívios e pelo amor sempre presente.

A meus pais, Araribóia e Maria de Cássia por terem vivido para nos dar educação, valores, amor incondicional, caráter e nos ensinado a sermos cidadãos de bem e humanos.

A meus irmãos, Victor, Átila e Arianne, pelo incessante incentivo, estímulo, carinho, compreensão e cumplicidade de todos os momentos. E por caminharem a vida ao meu lado.

Aos colegas da Polícia Federal, que ombreiam comigo no enfrentamento incessante à criminalidade e às Organizações Criminosas, para que possamos ter um dia uma sociedade mais justa, segura, igualitária e pacífica.

Aos colegas da Polícia Militar do Distrito Federal, onde iniciei a minha carreira policial.

Aos familiares e amigos que sempre estiveram do meu lado nos momentos fáceis e difíceis da vida, tornando-a mais leve.

Aos amigos do Sindicato dos Policiais Federais no Distrito Federal – SINDIPOL/DF e da Federação Nacional dos Policiais Federais - FENAPEF que juntos lutamos por uma segurança pública mais eficiente e meritória.

Aos amigos do Instituto Latino-Americano de Educação para Segurança - ILAES, do qual tenho o orgulho de ser Sócio-Fundador, por a luta de um país mais justo e solidário.

Aos amigos e colegas do Centro Universitário Projeção e Gran Faculdade que caminham comigo nessa jornada acadêmica.

Aos alunos que diariamente me ensinam com suas vidas e me estimulam a continuar caminhando.

SUMÁRIO

ADI	Ação Direta de Inconstitucionalidade
ADPF	Ação de Descumprimento de Preceito Fundamental
AI	Agente Infiltrado
APF	Agente de Polícia Federal
CADH	Convenção Americana de Direitos Humanos
CIDH	Convenção Interamericana de Direitos Humanos
CNJ	Conselho Nacional de Justiça
CNMP	Conselho Nacional do Ministério Público
CV	Comando Vermelho
CPP	Código de Processo Penal
CRFB	Constituição da República Federativa do Brasil
DPF	Delegado de Polícia Federal
ECI	Estado de Coisas Inconstitucional
ETA	Pátria Basca e Liberdade (*"Euskadi Ta Askatasuna"*)
FV	Falange Vermelha
HC	Habeas Corpus
IRA	Exército Republicano Irlandês ("Irish Republican Army")
OAB	Ordem dos Advogados do Brasil
ONU	Organização das Nações Unidas
PCC	Primeiro Comando da Capital
PDCP	Pacto dos Direitos Civis e Políticos
PF	Polícia Federal
PSJCR	Pacto de San Jose da Costa Rica
RDD	Regime Disciplinar Diferenciado
RJAE	Regime Jurídico das Acções Encobertas para fins de prevenção e investigação criminal (Lei nº 101/2001, de 25 de Agosto) - Portugal
STF	Supremo Tribunal Federal
STJ	Superior Tribunal de Justiça
TC	Terceiro Comando

INTRODUÇÃO

A **violência**, como veremos, é um **problema social global** que atravessa a história da humanidade, sendo encontrada em todas as sociedades e tradições culturais. Trata-se de uma problemática interdisciplinar que hoje tem um lugar garantido enquanto foco de atenção da mídia, do discurso político e da sociedade.

Já a **violência urbana persiste** como **um dos mais graves problemas sociais no Brasil**, totalizando mais de 1 milhão de vítimas fatais nos últimos 24 anos. A taxa de mortes por agressão saltou de 22,2 no ano de 1990 para 28,3 por 100 mil habitantes em 2013, com variações importantes entre diferentes estados.[1]

Segundo o Sistema de Informação sobre Mortalidade do Ministério da Saúde (SIM/MS), em 2019 houve **45.503 homicídios no Brasil**, o que corresponde a uma taxa de **21,7 mortes por 100 mil habitantes**.[2] Ou seja, a violência é um problema que tem que ser enfrentado com seriedade, pois enseja na ocisão da vida de milhares de pessoas e destrói diversas famílias.

Todavia, o **conceito de violência** é amplo e complexo. Segundo Michaud: "há **violência** quando, numa situação de interação, um ou vários atores agem de maneira direta ou indireta, maciça ou esparsa, **causando danos** a uma ou várias pessoas em graus variáveis, seja em sua **integridade física**, sejam em sua **integridade moral**, **em suas posses**, ou em **suas participações simbólicas e culturais**"[3].

A palavra "**violência**" vem do latim *violentia*, que significa violência, caráter violento ou bravio, força. O verbo *violare* significa tratar com violência, profanar, transgredir. Tais termos devem ser referidos a *vis*, que quer dizer força, vigor, potência, violência, emprego de força física, mas também quantidade,

---

[1] Instituto Brasileiro de Geografia e Estatística (IBGE); MS/SVS/DASIS – Sistema de Informações sobre Mortalidade (SIM); Fórum Brasileiro de Segurança Pública.
[2] CERQUEIRA, Daniel *et al*. **Atlas de Violência 2021**. São Paulo: FBSP, 2021, p. 11. Disponível em: <https://www.ipea.gov.br/atlasviolencia/arquivos/artigos/5141-atlasdaviolencia2021completo.pdf>. Acesso em: 22 jun. 2023.
[3] MICHAUD, Yves. **A violência**. São Paulo: Ed. Ática, 1989, pp. 10 e 11.

abundância, essência ou caráter essencial de alguma coisa. Mais profundamente, a palavra *vis* significa a força em ação, o recurso de um corpo para exercer sua força e portanto a potência, o valor, a força vital.

No entanto, essa **força** assume sua qualificação de **violência** em função de **normas definidas** que variam muito. Dessa ponto de vista, podem haver quase **tantas formas de violência** quantas foram as **espécies de normas**.

Atualmente a maioria das considerações sobre a **violência** se concentra na **criminalidade, cujo aumento quer denunciar**. Mas, essa **progressão da violência criminal não foi provada** e o que se assiste é, em vez, uma **pacificação progressiva da sociedade**; admitindo-se o não, **os costumes se civilizaram**. O fato de a **opinião pública preocupar-se com uma crescente insegurança** não tem entretanto a ver com o volume efetivo da criminalidade, mas sim com as **normas a partir das quais são concebidos os fenômenos criminosos**.

Ao contrário das sociedades do passado, **as nossas estão habituadas a uma segurança cada vez maior**, que não depende só dos números da criminalidade, mas também e até mais da organização dos seguros e da previdência social, da homogeneidade de um espaço livre de circulação, a regulação de múltiplos aspectos da vida através do Estado. Sobre o **pano de fundo de uma segurança crescente** – e invasora –, **os comportamentos criminosos** são percebidos com uma **ansiedade desproporcional** em relação ao seu volume real. No entanto, isso não significa que a mudança das normas possa ser subestimada.

Do ponto de vista histórico é difícil dispor de informações quantitativas certas sobre um passado distante, mas nossa ignorância não é total; em todo caso, tudo o que sabemos vai na mesma direção: **a violência é marca registrada de períodos inteiros do passado**[4]. Só depois do início do século XIX se desenvolveram as coletas de dados e os aparelhos estatísticos, ao mesmo tempo que se desenvolvia a administração burocrática das sociedades. Hoje,

---

[4] MICHAUD, Yves. **A violência**. São Paulo: Ed. Ática, 1989, p. 33.

com a revolução dos sistemas informáticos, o registro dos dados muda ainda de natureza e permite visualizar num painel a vida social, autorizando *feedbacks* que respondem num tempo curtíssimo.

Portanto, o **projeto de uma história da violência** frequentemente esbarra **na falta de dados precisos**. Do mesmo modo, na sociologia, é difícil avaliar o volume de violência de sociedades que não se preocupam ou não tem meios para guardar traço de dados deste tipo.

A criminalidade urbana está ligada à brutalidade da vida, à pobreza e as carências, e também se deve a marginalização dos grupos desenraizados pelas transformações agrárias, as catástrofes naturais e as epidemias. Os indivíduos perambulam e buscam as cidades e a comunidade rural não pode mais assegurar sua própria regulação da violência e da delinquência.

Mesmo em períodos mais recentes, **os estudos confirmam um alto nível de violência criminosa e de brutalidade,** particularmente nas cidades onde a população é pobre e constituída em parte por migrantes e pessoas sem domicílio fixo. **As violências físicas e o roubo** são o que há de mais corrente na criminalidade.

Os estudos confirmam o **diagnóstico de violência feito pelos historiadores: a violência criminosa era um modo normal de comportamento num mundo em que os meios jurídicos eram inacessíveis à maioria**. A atmosfera geral de violência se traduz ainda pela frequência de castigos corporais, pelo interesse por divertimentos brutais com os torneios, as justas, a luta.[5]

Se consideramos agora a **evolução da criminalidade** desde o século XIX, apoiando-nos nas estatísticas judiciárias ou sanitárias, constataremos uma **regressão dos homicídios em quase toda parte**. Em compensação, se considerássemos os **danos à propriedade** entre as violências criminosas a serem levadas em conta, a apreciação seria diferente; mas então seria preciso

---

[5] Idem, p. 37.

atentar para o fato de que os **danos aos bens** multiplicam-se em sociedades de **abundância** e de **seguro**, onde **o roubo não tem mais a mesma gravidade** e **banalizou-se**[6].

Portanto, os **conhecimentos históricos** permitem perceber uma **progressiva civilização dos costumes** e uma **diminuição da violência criminosa**. Tal processo tem como contrapartida uma **gestão cada vez mais restritiva da vida social** e a **ascensão dos controles sociais**. Em todo caso, se há um aumento da violência, ela não se encontra do lado da criminalidade, ou então é porque **nos tornamos extraordinariamente sensíveis a uma insegurança que nunca foi tão fraca.**[7]

As denúncias do aumento da violência e da insegurança hoje tendem a assimilar **qualquer desordem** com uma **violência que ameaça a ordem social no seu todo**. O surgimento do tema da **violência** nos **discursos políticos** ou nas **preocupações da opinião pública não é neutro**: traduz avaliações positivas ou negativas que, por sua vez, pesam sobre as situações assim entendidas e sobre as ações efetivas. Evidentemente, tais avaliações dependem dos critérios em vigor nos grupos sociais.

Ademais, a **apreensão**, o **registro** e a **avaliação** da **violência nunca são neutros**, mas pelo contrário, o foco de um conflito que desdobra o confronto direto dos adversários. Os que **dominam os canais de comunicação** têm, dependendo do caso, **interesse em exagerar ou diminuir a violência** de seus adversários ou a deles próprios. A existência dos meios de comunicação de massa (rádio, televisão, cinema, jornais, internet etc) constitui um dos traços mais característicos das sociedades desenvolvidas contemporâneas.

O fato da violência se apresentar como uma crise em relação ao estado normal cria, por princípio, uma **afinidade entre ela e a mídia**. Como podemos constatar, num dia calmamente banal fica difícil fazer um jornal ou um noticiário de TV para anunciar que não aconteceu nada. **A mídia precisa de**

---

[6] Ibidem.
[7] Idem, p. 38

acontecimentos e vive do sensacional. **A violência**, com a carga de ruptura que ela veicula, é por princípio um **alimento privilegiado para a mídia**, com vantagem para as violências espetaculares, sangrentas ou atrozes sobre as violências comuns, banais e instaladas.[8]

Por outro lado, **a mídia tem um fator preponderante no sentimento de insegurança das pessoas**. **Uma das consequências mais importantes da ação da mídia** é contribuir para **tornar a violência irreal, banalizando as imagens**. **A realidade da violência não é estética**; as fotografias do local de um atentado dão uma pálida ideia da náusea provocada por restos humanos despedaçados e pelo sangue em poças ou salpicado nas paredes. Dessa forma, não há dúvida, de que as **imagens da violência** contribuem de modo não desprezível para mostrá-la como mais normal, menos terrível do que ela é, em suma: banal. Cria-se assim, um hiato entre uma experiência anestesiada e as provas da realidade, raras mas muito mais fortes.

Portanto, questiona-se: será que houve um aumento da criminalidade ou o que houve foi o aumento da divulgação desses crimes por meio da mídia? Ou o que houve foi um aumento do número de registros de crimes nos órgãos de controle social?

Por outro lado, tem-se no senso comum, equivocadamente, que o **problema da violência é solucionado por a atuação da polícia**. Não obstante, veremos adiante que o problema da violência não deve ser **policiado** e sim **politizado**, por meio de **Políticas Públicas** multidisciplinares, transversais, dentre as quais, **Políticas Públicas de Segurança Pública**.

Veremos que **os problemas da violência e criminalidade devem ser enfrentados por todos: sociedade** – por meio de organizações sociais, organizações não governamentais, igreja, comunidade etc – e **Estado** – por meio de políticas públicas de educação, emprego, saúde, transporte, moradia, expectativa de ascensão social, segurança pública etc. Em outras palavras, a

---

[8] Idem, p. 49.

polícia é só um dos instrumentos de enfrentamento da violência e da criminalidade, não o principal nem o único.

A **polícia** atua de forma a **preventiva**, evitando que o crime aconteça, e **repressiva**, prendendo os que cometeram crimes. Mas, perceba, ela atua na **consequência** do problema. Nesse sentido, deve-se atuar também, e principalmente, na **causa** dos problemas que geram a violência e insegurança pública: enfrentar a **causa** e a **consequência** desses problemas concomitantemente.

Outro ponto importante que precisamos esclarecer é que **a polícia não reduz a violência** e sim **reduz o sentimento de insegurança,** com sua presença ostensiva e com as prisões de criminosos. Isso porque o **sentimento de insegurança**, que se encontra no coração das discussões sobre o aumento da violência, raramente repousa sobre a **experiência direta da violência**. Ele corresponde à **crença, fundada ou não, de que tudo pode acontecer, de que devemos esperar tudo, ou ainda de que não podemos mais ter certeza de nada nos comportamentos cotidianos**. Aqui, imprevisibilidade, caos e violência estão juntos.

Devemos atentar, também, ao fato de o senso comum acreditar que **é possível acabar com a violência ou com a criminalidade**. Na verdade **esse pensamento é errôneo, pois sempre haverá violência**. Primeiro, **porque a violência é relacionada com os diversos aspectos da natureza humana:** há uma base neurofisiológica da violência[9]; a etologia, que considera a violência humana na perspectiva dos comportamentos animais[10] (a agressividade é própria do homem bem como dos outros animais); a psicologia, psicanálise e antropologia. Isso **porque ela é um fenômeno social, intrínseco à própria condição humana e da vida sem sociedade**.

---

[9] Do ponto de vista neurofisiológico, os organismos, mesmo os mais elementares, se mantém em vida reagindo aos estímulos do ambiente que para eles são como agressões.

[10] Tal agressão tem funções precisas: ela permite a repartição territorial dos indivíduos segundo os recursos dos nichos ecológicos;

Tais são as características do ser humano: **sua agressividade conquistadora e imperialista** inaugura o descobrimento e a exploração inventivos de um meio ambiente que não se limita mais a um pequeno território.

A agressão acompanha a conquista, a destruição e a exploração. Nesse sentido, **há uma violência no próprio âmago da humanidade**, que anima suas invenções, suas descobertas e sua produção de cultura. Segundo, porque existem **diversas formas de violência.** O que se faz é **controlar a violência** em níveis aceitáveis na sociedade. Ademais, **os seres humanos superestimam sua autonomia** – sua ilusão por liberdade e dignidade. **Ninguém sabe realmente de que pode tornar-se capaz em matéria de violência.**

Dessa forma, a violência não é mais negada e recalcada, e sim **reconhecida como problema que pede soluções e remédios**. Ela faz parte dos fenômenos submetidos **à regulação social**.

Por outro lado, a os crimes de hoje são cada vez mais internacionais. É crucial que haja coordenação entre todos os diferentes intervenientes na manutenção de uma arquitetura de segurança global. Os Estados, atados à burocracia usual e a restrições financeiras, têm na tecnologia e cooperação internacional sua arma mais poderosa.

Por meio dos escritórios da INTERPOL no Brasil e das representações internacionais da Polícia Federal em dezenas de países, é possível investigar e prender foragidos em quase qualquer lugar do planeta. Casos emblemáticos foram as prisões no Brasil de Pasquale Scotti, mafioso italiano na lista dos 10 mais procurados naquele país e Marcos Figueroa, criminoso mais procurado na Colômbia com mais de 250 homicídios. Outro caso foi a prisão na Tanzânia do casal Lee Ann e Mzee Shabani, acusados do homicídio e ocultação em um freezer do corpo do próprio filho de 7 anos, em São Paulo.

Dado que a INTERPOL é uma organização global, pode fornecer esta plataforma de cooperação; permitem que a polícia trabalhe diretamente com os seus homólogos, mesmo entre países que não têm relações diplomáticas.

Também dão voz à polícia no cenário mundial, envolvendo-nos com governos ao mais alto nível para incentivar esta cooperação e a utilização dos nossos serviços.

Nesse sentido, a presente obra tem por **objetivo** estudar a Organização Internacional de Polícia Criminal – INTERPOL, sua criação, estrutura, sistema de comunicações, atribuições, plataforma de cooperação, princípios, difusões, atuação no Brasil e no mundo, etc.

1. SISTEMA NACIONAL DE SEGURANÇA PÚBLICA

Nesse tópico, apresentaremos uma visão geral sobre sociedade e segurança pública, com ênfase no problema da violência no Brasil, conceituação, atribuição e atuação dos órgãos de segurança no controle dessa violência e organização da segurança pública no Brasil.

Em seguida apresentaremos um novo paradigma de segurança pública e os sistemas internacionais de segurança pública, com ênfase na INTERPOL.

1.1. Sociedade e Estratégias de Segurança

Nesse capítulo, analisaremos o problema da violência no Brasil e a atribuição dos órgãos responsáveis pela segurança pública responsáveis por o controle da criminalidade.

Inicialmente, será feita uma abordagem do problema da violência e da criminalidade no Brasil, com base em dados estatísticos oficiais.

Em seguida adentraremos no estudo da segurança pública brasileira, trazendo os problemas enfrentados por os órgãos públicos responsáveis por controlar a violência na sociedade e garantir a proteção dos direitos individuais, sem se dissociar de uma atuação pautada no respeito, na defesa e na promoção dos direitos humanos.

Por fim, demonstraremos que a aplicação prática do planejamento estratégico em segurança pública se mostra fundamental ao controle da violência e da criminalidade.

1.1.1 O problema da violência no Brasil: análise com base nos dados estatísticos

A violência é um **problema social global**, que atravessa a história humana, sendo encontrada em todas as sociedades e tradições culturais. Trata-se de uma problemática interdisciplinar que hoje tem um lugar garantido enquanto foco de atenção da mídia, do discurso político e da sociedade.

A violência urbana persiste como **um dos mais graves problemas sociais no Brasil, totalizando mais de 1 milhão de vítimas fatais nos últimos 24 anos.** A taxa de mortes por agressão saltou de 22,2 no ano de 1990 para 28,3 por 100 mil habitantes em 2013, com variações importantes entre diferentes estados.[11]

Segundo o Sistema de Informação sobre Mortalidade do Ministério da Saúde (SIM/MS), **em 2019 houve 45.503 homicídios no Brasil**, o que corresponde a uma taxa de 21,7 mortes por 100 mil habitantes. Situando esse valor em um quadro de crescimento dos homicídios de 1979 a 2017, o número é inferior ao encontrado para todos os anos desde 1995.[12]

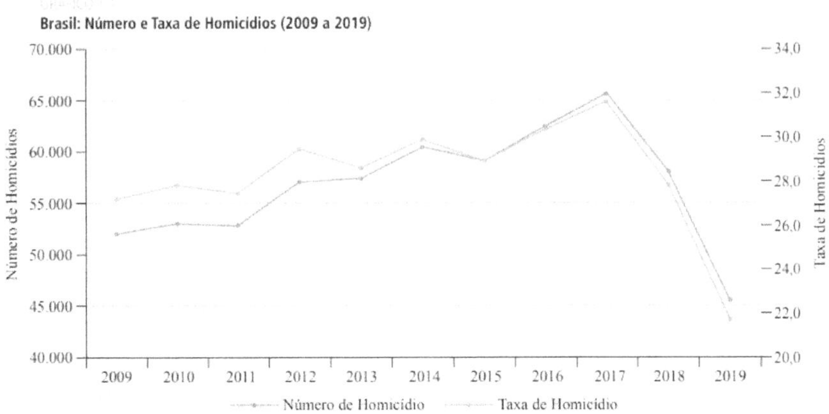

Fonte: IBGE/Diretoria de Pesquisas. Coordenação de População e Indicadores Sociais. Gerência de Estudos e Análises da Dinâmica Demográfica e MS/SVS/CGIAE – Sistema de informações sobre Mortalidade – SIM. O número de homicídios na UF de residência foi obtido pela soma das seguintes CIDs 10: X85-Y09 e Y35, ou seja: óbitos causados por agressão mais intervenção legal. Elaboração: Diest/Ipea, FBSP e IJSN.

---

[11] Instituto Brasileiro de Geografia e Estatística (IBGE); MS/SVS/DASIS – Sistema de Informações sobre Mortalidade (SIM); Fórum Brasileiro de Segurança Pública.
[12] CERQUEIRA, Daniel *et al.* **Atlas de Violência 2021**. São Paulo: FBSP, 2021, p. 11. Disponível em: <https://www.ipea.gov.br/atlasviolencia/arquivos/artigos/5141-atlasdaviolencia2021completo.pdf>. Acesso em: 22 jun. 2023.

Conforme analisado nos "Atlas da Violência 2019"[13] e "Atlas da Violência 2020"[14], **três fatores ajudaram a impulsionar a diminuição dos homicídios ao longo da década em várias Unidades Federativas**: a mudança do regime demográfico rumo ao envelhecimento da população e à diminuição do número de jovens; a implementação de ações e programas qualificados de segurança pública em alguns estados e municípios brasileiros; e o **Estatuto do Desarmamento.**[15]

Estudo recente divulgado pelo Escritório das Nações Unidas sobre Drogas e Crime (UNODC) mostrou que o Brasil possui 2,8% da população mundial, mas acumula **11% dos homicídios de todo o mundo**[16].

Como agravante, pesquisa produzida por Daniel Cerqueira, do Instituto de Pesquisa Econômica Aplicada (Ipea), calculou que, **de 1996 a 2010, quase 130 mil homicídios no Brasil não entraram nas estatísticas de mortes violentas**[17]. Isso significa que o número real de assassinatos no país é de cerca de 60 mil ocorrências anuais. Ou seja, se é verdade que o Brasil tem melhorado seus indicadores econômicos e sociais, o quadro de violência do país indica a convivência com taxas de crimes letais em muito superiores às de outros países e nos coloca no triste ranking das sociedades mais violentas do mundo, isso sem contar as altas taxas endêmicas de outros crimes violentos (roubos, sequestros, lesões, mortes pela polícia etc.).

Em 2022, o Brasil registrou 47.398 mortes violentas intencionais (MVI), categoria criada pelo Fórum Brasileiro de Segurança Pública (FBSP) que agrega as **vítimas de homicídio doloso** (incluindo feminicídios e policiais

---

[13] CERQUEIRA, Daniel *et al*. **Atlas da Violência 2019**. Brasília: Ipea; FBSP, 2019. Disponível em: <https://www.ipea.gov. br/portal/images/stories/PDFs/relatorio_institucional/190605_atlas_da_violencia_2019.pdf>. Acesso em: 22 jun. 2023.

[14] CERQUEIRA, Daniel *et al*. **Atlas da Violência 2020**. Brasília: Ipea; FBSP, 2020. Disponível em: <https://www. ipea.gov.br/atlasviolencia/download/24/atlas-da-violencia-2020>. Acesso em: 22 jun. 2023.

[15] CERQUEIRA, Daniel *et al*. Op. Cit., 2021, p. 13.

[16] UNODC - *United Nations Office on Drugs and Crime. World Drug Report* 2014, *United Nations Office on Drugs and Crime*: Vienna, 2014.

[17] CERQUEIRA, Daniel. **Mapa de homicídios ocultos no Brasil**. Texto para Discussão 1848, Brasília, DF, Instituto de Pesquisa Econômica Aplicada (Ipea), jul. 2013.

assassinados), **roubos seguidos de morte, lesão corporal seguida de morte** e as **mortes decorrentes de intervenções policiais**. Esse número só é maior daquele observado em 2011, primeiro ano da série histórica monitorada pelo FBSP[18].

Em termos relativos, **a taxa de mortalidade ficou em 23,3 por grupo de 100 mil habitantes**, recuo de 2,4% em relação ao ano de 2021. Mesmo significando uma redução de ritmo em relação aos anos entre 2018 e 2021, essa pequena queda é positiva e precisa ser realçada.[19]

Todavia, ela também revela, como veremos na sequência, tensões, limites metodológicos e problemas que devem ser destacados, sob o risco de a sociedade brasileira ser induzida a acreditar na ideia de que o país resolveu seu dilema civilizatório e agora é uma nação mais segura. Estamos longe disso. **Ainda somos uma nação violenta e profundamente marcada pelas diferenças raciais, de gênero, geracionais e regionais** que caracterizam quem são e onde vivem as vítimas da violência letal[20].

A análise da distribuição das mortes indica um **quadro bastante heterogêneo no contexto nacional. Nas regiões Sul e Centro-oeste** a violência letal cresceu, respectivamente, 3,2% e 0,8%. **O Sudeste** apresentou redução de 2% e as **regiões Norte** e **Nordeste**, que viveram períodos agudos de crescimento da violência letal na década passada, foram capazes de reagir e apresentaram reduções importantes. No **Norte**, a redução foi de 2,7% e, no **Nordeste**, chegou a 4,5% de queda. Apenas na **região Nordeste**, cerca de 889 vidas foram poupadas, o que forçou a redução da violência letal nacionalmente. Apesar do resultado positivo, as duas regiões ainda convivem com **taxas muito elevadas de violência letal**[21].

---

[18] FÓRUM BRASILEIRO DE SEGURANÇA PÚBLICA. **17º Anuário Brasileiro de Segurança Pública**. São Paulo: Fórum Brasileiro de Segurança Pública, 2023. Disponível em: <https://forumseguranca.org.br/wp-content/uploads/2023/07/anuario-2023.pdf>. Acesso em: 02 Ago 2023.
[19] Ibidem.
[20] Ibidem.
[21] Ibidem.

Na escala subnacional, **o estado mais violento do país em 2022 foi o Amapá**, com taxa de MVI de 50,6 por 100 mil habitantes, mais do que o dobro da média nacional. **O segundo estado mais letal foi a Bahia**, com taxa de 47,1 por 100 mil e, **na terceira posição, temos o Amazonas**, com taxa de 38,8 por 100 mil. No outro extremo, as unidades da federação com as **menores taxas de violência letal foram São Paulo,** com 8,4 mortes por 100 mil habitantes, **Santa Catarina,** com 9,1 por 100 mil e o **Distrito Federal,** com taxa de 11,3. Ao todo, 20 estados registraram taxas de MVI acima da média nacional.

As causas para a explosão de violência verificada a partir de 2016, em linhas gerais, tem relação direta com o **racha entre as duas maiores organizações criminosas do país, o PCC e o Comando Vermelho**. Ambas têm origem no Sudeste, mas ao longo dos anos 2000 foram expandindo seus domínios para outras regiões e buscando parcerias com organizações criminosas locais que também atuavam com o narcotráfico. **O PCC**, especificamente, acelerou este projeto entre 2012 e 2018, com cerca de 18 mil novos batismos no período, a maioria fora de São Paulo, o que desencadeou o racha com o Comando Vermelho.[22]

A partir de 2015 iniciam-se uma série de reações, ainda locais, **para frear a expansão do PCC em território nacional**, mas a **execução do traficante Jorge Rafaat**, atuante na fronteira entre Brasil e Paraguai, **foi o ponto de virada que escalonou o conflito**. Com o assassinato de Rafaat, **o PCC passou a dominar a região**, muito estratégica para a produção em larga escala de maconha, mas também operando como *hub* para o preparo da cocaína produzida nos países andinos, que é trazida para o Brasil para consumo interno, mas também exportada para os países da Europa e da África. **Hoje o PCC é a maior facção criminosa do país, conta com ao menos 35 mil integrantes,**

---

[22] MANSO, Bruno Paes; DIAS, Camina Nunes. **A Guerra:** A Ascensão do PCC e o Mundo do Crime no Brasil. São Paulo, Todavia, 2018.

sofisticados métodos de lavagem de dinheiro e se conecta com organizações criminosas em todo o mundo, tal como a máfia italiana *'Ndrangheta*[23][24]

Após a morte de Rafaat a **guerra entre PCC e CV explodiu, gerando conflitos no sistema prisional de vários estados e muitas mortes nas ruas, o que explica o crescimento agudo da violência nos anos de 2016 e 2017.**

O perfil das vítimas de mortes violentas intencionais não se altera significativamente de um ano para o outro e segue um padrão mais de longa duração. Com aumento ou redução nos estados, o perfil das vítimas se manteve muito parecido nos últimos anos. Em média, **91,4% das mortes violentas intencionais vitimam homens**, enquanto 8,6% vitimam mulheres. Este percentual varia de acordo com a ocorrência: **entre os mortos em intervenções policiais, 99,2% das vítimas eram do sexo masculino.**[25]

Em relação ao **perfil étnico-racial das vítimas, 76,5% dos mortos eram negros. Negros são o principal grupo vitimado pela violência independente da ocorrência registrada**, mas chegam a **83,1% das vítimas de intervenções policiais**[26].

---

[23] *'Ndrangheta* é um proeminente tipo da máfia italiana, sindicato do crime organizado com sede na região peninsular da Calábria e que remonta ao Século XVIII. É considerado o grupo de crime organizado mais poderoso do mundo. Desde a década de 1950, após a emigração em larga escala da Calábria, a organização se estabeleceu em todo o mundo. É caracterizada por uma estrutura horizontal composta por clãs autônomos conhecidos como *'Ndrina*, baseados quase exclusivamente em laços de sangue. Sua principal atividade é o narcotráfico, do qual detém quase o monopólio na Europa, mas também lida com tráfico de armas, lavagem de dinheiro, extorsão, agiotagem e prostituição. A *'Ndrangheta* mantém relações privilegiadas com os principais cartéis sul-americanos, que a consideram seu parceiro europeu mais confiável.
É capaz de influenciar fortemente a política local e nacional e de se infiltrar em grandes setores da economia legal. Em 2013, eles supostamente faturaram 53 bilhões de euros, de acordo com um estudo do *Demoskopika Research Institute*. Um diplomata dos Estados Unidos estimou que as atividades de tráfico de drogas, extorsão e lavagem de dinheiro da organização representaram pelo menos três por cento do PIB da Itália em 2010.
[24] ADORNO, Luís; MUNIZ, Tiago. As 53 facções criminosas brasileiras. *In:* **Anuário Brasileiro de Segurança Pública:** Especial Eleições 2022. Fórum Brasileiro de Segurança Pública, 2022.
[25] FÓRUM BRASILEIRO DE SEGURANÇA PÚBLICA. **17º Anuário Brasileiro de Segurança Pública**. São Paulo: Fórum Brasileiro de Segurança Pública, 2023. Disponível em: <https://forumseguranca.org.br/wp-content/uploads/2023/07/anuario-2023.pdf>. Acesso em: 02 Ago. 2023.
[26] Ibidem.

Outro dado que não oscila dos anos anteriores é aquele que constata que **50,3% das vítimas de MVI eram adolescentes e jovens com idade entre 12 e 29 anos**. Dentre os **mortos em intervenções policiais, esse grupo etário concentra 75% das mortes. Já os roubos seguidos de morte atingem um público mais velho, 1/4 tem mais de 60 anos e 46,9% tinham entre 35 e 59 anos quando foram mortos**[27].

Em relação ao **instrumento empregado**, as **armas de fogo seguem sendo o principal instrumento utilizado para matar no Brasil. 76,5% dos casos foram praticados com uso de arma de fogo**. Aqui, porém, para além das armas de fogo, nota-se que a violência atinge níveis extremos quando, pela própria dinâmica do tipo penal, **37,1% das mortes derivadas de Lesões Corporais foram provocadas por agressões, enforcamentos, sufocamentos e similares. Em 15,3% das Lesões Seguidas de Morte, o instrumento utilizado foram armas brancas, como facas**. Dito de outra forma, **a arma de fogo é o principal vetor das Mortes Violentas Intencionais**, mas a questão da violência letal não se encerra apenas na necessária e urgente retomada de políticas responsáveis de controle e rastreamento de armas de fogo[28].

Após a análise do problema da violência no Brasil, vamos agora abordar os desafios enfrentados pela segurança pública para controlar a violência.

1.1.2. Causas da Violência e da Insegurança Pública

Hoje vivemos um forte drama no campo da Segurança Pública no Brasil, herdado, particularmente, das quatro ou cinco últimas décadas.

Sabemos que esse drama é uma consequência primária da **injustiça social** e não da **pobreza**, ao contrário do que afirma o senso comum. **Pobreza não gera crime e nem violência**. A pobreza é heroicamente honesta, de forma geral, e criminosos há entre os pobres e entre os ricos. Por evidência empírica, do ponto

---

[27] Ibidem.
[28] Ibidem.

de vista proporcional, é fácil perceber que a situação é até mais grave entre os segmentos abastados.

Já a **injustiça social** é, sem dúvida, **um elemento predisponente da insegurança pública, da violência e da criminalidade**. Isso é uma verdade particularmente em culturas periférico-dependentes da grande economia de mercado, como a brasileira, submetidas a um predomínio da **ideologia consumista** e com uma classe consumidora numericamente considerável.[29]

A causa *mater* da violência é o somatório de um **tripé absolutamente explosivo**: a **péssima distribuição de renda**, a **ideologia consumista** (especialmente predominante nos segmentos mais jovens, independentemente de classe social, os mais vitimizados e mais perpetradores de crimes) e a **quase ausência do mundo adulto na condição educadora** (que é, sempre e necessariamente, a da provocação construtiva do juízo moral autônomo, da autonomia intelectual e dos valores solidários).[30]

É fácil olhar para a juventude brasileira e perceber seu **abandono no campo moral** (não na perspectiva do moralismo, mas do compromisso com a dignidade de si mesma e do outro), pela **ausência de autoridade** (e não de autoritarismo) do mundo adulto, muito possivelmente porque o mundo adulto, ele mesmo, não possua quase nenhuma compreensão do sejam valores morais.

A onipresença da ideologia do consumo em **países mais desenvolvidos** não é, por si mesma, fundamento da explosão de crime ou violência. É, sim, fundamento de insatisfação individual, de falta de sentido existencial, de depressão, de perda de significado para a vida. Isso porque, nos países desenvolvidos, a onipresença do consumismo é – paradoxalmente – ansiogenicamente alimentada, mas também aplacada pelo consumo. Neles, pelo menos, **o sujeito (ou objeto?) tem recursos para consumir.**

---

[29] BALESTRERI, Ricardo. **Um novo paradigma de segurança pública**. *In*: COSTA, IF., and BALESTRERI, RB., orgs. Segurança pública no Brasil: um campo de desafios [online]. Salvador: EDUFBA, 2010, pp. 57-67
[30] Ibidem.

Ao consumir é subsumido na passividade triste. **Nos países periféricos**, como o nosso ("emergente", sim, mas periférico, é bom que não se esqueça), a onipresença ideológica do consumismo se encurrala no "beco sem saída" da falta de poder aquisitivo da maioria. **O resultado é a violência e o crime**.

1.2. Crime Organizado

1.2.1. Origem e evolução conceitual do Crime Organizado no Brasil

No Brasil, **a origem da criminalidade organizada** está ligada ao movimento chamado **Cangaço**, atuante entre o **sertão nordestino** entre o final do século XIX e o início do século XX. Esse movimento remonta à atuação dos jagunços e capangas e o próprio **coronelismo** nessa região, resultantes da história e da colonização do nordeste brasileiro. Os cangaceiros se organizavam de maneira hierárquica e atuavam em diversas frentes ao mesmo tempo, realizando saques, extorquindo dinheiro e até mesmo praticando sequestros. Para tanto, se aproveitavam de seu relacionamento com grandes fazendeiros e lideranças políticas e na colaboração de policiais corruptos, que lhes forneciam armas e munições.[31]

Conseguinte, no início do século XX, surgiu, **no Rio de Janeiro-RJ**, a prática da contravenção penal do **"jogo do bicho"**, que envolve o sorteio de prêmios a apostadores, mediante o recolhimento de apostas.[32]

---

[31] SILVA, Eduardo Araújo da. **Crime organizado** – procedimento probatório. São Paulo: Atlas, 2003, p. 25.

[32] Em 1892, João Batista Vianna de Drummond, ou simplesmente Barão Drummond, criou o jogo do bicho. Depois de ser nomeado barão pelo imperador D. Pedro II, o nobre abriu um zoológico no então distante bairro de Vila Isabel, na cidade do Rio de Janeiro. Com a Proclamação da República em 1889, o barão deixou de receber ajuda financeira do governo e seu estabelecimento ficou comprometido. Para remediar a situação, Drummond criou uma espécie de jogo para estimular as visitas ao zoológico: todos os dias um pequeno papel com a anotação e o desenho de algum dos 25 animais do zoológico era colocado num quadro e içado ao alto de um poste. Cada visitante ao entrar no parque recebia um bilhete com um dos bichos e no fim do dia, aqueles que tivessem o bilhete com o mesmo animal que estava no quadro, recebia um prêmio de 20 vezes o valor do ingresso. Em pouco tempo o jogo ficou popular, e a ideia do barão começou a ser utilizada fora do zoológico somente para apostas. Montaram-se então bancas em bares e padarias por toda a cidade sob o controle de um grupo que assegurava o pagamento dos prêmios e a idoneidade dos resultados. (LACERDA, Martins. Bicharada: como e quando surgiu o jogo do bicho? **Revista Galileu**. Ed. 187, fev/07. São Paulo, disponível em:

Segundo Eduardo Araújo da Silva, é o **"jogo do bicho"** que é reconhecido como a **primeira manifestação da criminalidade organizada no Brasil**. Essa infração penal surgiu, despretensiosamente, como um jogo de azar, com a finalidade de arrecadar dinheiro para salvar os animais do Jardim Zoológico do Estado do Rio de Janeiro. Todavia, esse jogo foi posteriormente popularizado e patrocinado por **grupos organizados**, que passaram a monopolizar o jogo, mediante a **corrupção de agentes públicos**, como policiais e políticos.[33]

Hodiernamente, o **crime organizado** engloba um rol muito maior de infrações penais, que vão desde **tráfico de animais silvestres** até o **desvio de dinheiro público do erário público para contas particulares abertas em paraísos fiscais localizados no exterior**, ou seja, a **lavagem de capitais**. Nesses crimes, engendra-se intrigada **estrutura organizacional**, envolvendo, não raramente, **servidores públicos** e membros dos três poderes do Estado.

Por outro lado, nas décadas de 70 e 80 surgiram **outras organizações criminosas** mais novas e violentas nas **penitenciárias fluminenses**, como a **"Falange Vermelha"**, o **"Comando Vermelho – CV"** e o **"Terceiro Comando"**. Mais recentemente, em meados da década de 90, surge nas **penitenciárias paulistanas** o mesmo tipo de organização criminosa, com a criação do **"Primeiro Comando da Capital – PCC"**.[34]

Segundo Fernando Salla[35], até o surgimento desses grupos organizados, existiam nos presídios líderes individuais, ou mesmo quadrilhas, que faziam valer suas determinações à massa carcerária, mas que não possuíam uma identidade que o mantivesse unido e coeso por muito tempo.

<http://revistagalileu.globo.com/Galileu/0,6993,ECT954023-1716,00.html> acessado em: 10 Jan 21).
[33] SILVA, Eduardo Araújo da. **Crime organizado** – procedimento probatório. São Paulo: Atlas, 2003, p. 25.
[34] Idem, p. 26.
[35] SALLA, Fernando. Considerações sociológicas sobre o crime organizado no Brasil. **Revista Brasileira de Ciências Criminais**, n. 71, ano 16, mar-abr./2008. São Paulo: RT, 2008, p. 374-375.

A origem do crime organizado de natureza popular dentro dos presídios brasileiros é, de fato, uma das características marcantes do fenômeno da criminalidade brasileira, sendo o que a distingue das formas mais comuns de emergência desses grupos no resto do mundo.

Enquanto na maioria dos países as organizações criminosas surgem baseadas em identidades étnicas ou raciais, ou mesmo em afinidades criadas a partir do grupo social ao qual pertencem seus membros, no Brasil o **crime organizado popular tem por elemento agregador a prática anterior de delitos –** considerando que **seus membros se conhecem nos estabelecimentos prisionais –**, a própria condição de encarcerados, e, ainda, certa identificação de nível social, haja visto o fato de a maior parte dos presos serem oriundos da camada mais pobre da população brasileira.[36]

Nesse contexto, **a criminalidade organizada no Brasil** principiou sua organização **dentro dos presídios brasileiros** na década de 1970, no Estado do **Rio de Janeiro**, com o surgimento do **"Comando Vermelho-CV"**, grupo que até hoje é um dos expoentes na criminalidade organizada do Brasil. A teoria mais difundida para o seu surgimento é a que afirma ser ele o **resultado da mistura de presos comuns com presos políticos** dentro do mesmo estabelecimento criminal, muito embora existam outras.[37]

Nos anos 1990, a criminalidade passou a se organizar também nos **presídios de São Paulo**, onde o destaque é, sem dúvidas, o **"Primeiro Comando da Capital – PCC"**, surgido em agosto de 1993 na **Casa de Custódia e Tratamento "Dr. Arnaldo Amado Ferreira, em Taubaté**. O grupo teve seu início de atuação como forma de r**eivindicação contra as precárias condições do sistema prisional.**[38] Nas palavras de Sérgio Adorno[39]

---

[36] Idem, p. 374.

[37] Idem, p. 366.

[38] PORTO, Roberto. **Crime organizado e sistema prisional.** São Paulo: Cortez, 1987, p. 77.

[39] ADORNO, Sérgio; ALVARADO, Arturo. Criminalidade e a governança de grandes metrópoles na América Latina: Cidade do México (México) e São Paulo (Brasil). *In*: LESSING, Benjamin; MONTEIRO, Joana; MISSE, Michel (Org.). **Dilemas, Revista de Estudos de Conflito Controle Social** – Rio de Janeiro – Edição Especial nº 4 – 2022 – pp. 79-115, p. 101.

> A história da criação do PCC é bastante conhecida, assim como
> as três etapas de sua expansão (DIAS, 2013; FELTRAN, 2011),
> que reconfiguraram a governança do crime na cidade de São
> Paulo. O encarceramento maciço, formulado e implementado
> pelo governo estadual, rapidamente promoveu a
> superpopulação carcerária com todas as consequências
> esperadas, sobretudo os conflitos mortais entre facções pelo
> controle dos pontos de venda das drogas, monopólio da coerção
> física e centralização das oportunidades de poder (DIAS, 2013).
> Das prisões, o PCC transitou e se fortaleceu nos bairros, criando
> intenso intercâmbio prisão-cidade-prisão (GODOI, 2015).
> Passados os anos de sua consolidação, há evidências de que o
> PCC esteja adentrando uma quarta fase com a reorientação de
> suas atividades ilegais para a internacionalização do mercado
> de drogas com a consequente transferência do poder decisório
> da capital do estado para a zona portuária.

Por outro lado, a sua existência como **organização criminosa** apenas foi **reconhecida pelas autoridades** quase uma década após sua criação, **em 2001** – com o evento conhecido como **"Megarrebelião"**, durante o qual, sob o comando dos membros do "PCC", cerca de trinta estabelecimentos prisionais do estado de São Paulo, onde havia 29 mil presos, entraram simultaneamente em rebelião, de forma orquestrada.[40]

Cabe ressaltar que o próprio **ambiente prisional favoreceu de todas as formas o fortalecimento e a manutenção de grupos organizados** no interior das prisões brasileiras. **As deficiências de autoridade para manutenção da ordem interna** possibilitaram que as lideranças das organizações **aproveitassem de toda e qualquer possibilidade o lucro no interior do sistema penitenciário** – tráfico de drogas, extorsão de outros presos e de seus familiares, controle de locais e atividades, entre outras – para consolidar seu poder sobre os outros presos.

Some-se a isso, o fato de essas mesmas lideranças se aproveitarem da **precariedade do sistema penitenciário** para oferecer **assistência material** a outros presos dentro e fora das prisões, resultando numa **relação de dependência do preso para com o grupo criminoso**.[41]

---

[40] SALLA, Fernando. Considerações sociológicas sobre o crime organizado no Brasil. **Revista Brasileira de Ciências Criminais**, n. 71, ano 16, mar-abr./2008. São Paulo: RT, 2008, p. 366.
[41] Idem, p. 375.

Além disso, atuando de maneira similar, esses grupos organizados foram, também, **estendendo seu campo de atuação para fora dos presídios**, passando a ter participação importante em atividades criminosas lucrativas – especialmente o tráfico de drogas – nos bairros pobres do Rio de Janeiro e São Paulo.[42]

O principal negócio do PCC permanece sendo o **mercado ilegal de drogas**, sobretudo cocaína. Conforme dados oficiais, cresceram substantivamente as taxas de ocorrências de consumo ou tráfico ilegal de drogas entre 1996 e 2019.[43]

A própria política criminal desenvolvida no Brasil no final do século XX, em conjunto com as medidas administrativas tomadas no âmbito penitenciário do mesmo período, mostraram-se decisivas para o surgimento e o recrudescimento da criminalidade organizada nas prisões.

Desde os anos 1950, **a política penitenciária brasileira vem sendo concebida unicamente como resposta a problemas pontuais e emergenciais** – rebeliões, fugas, instabilidades do sistema em geral –, não se preocupando com a manutenção do sistema a longo prazo. **Não se busca uma solução para as causas que levaram às respectivas crises**.[44]

As medidas administrativas disciplinares tomadas no âmbito interno dos presídios a partir da década de 1980 também podem ser consideradas **responsáveis pela evolução da criminalidade organizada no país**. Os grupos **"Falange Vermelha"** e **"Primeiro Comando da Capital – PCC"**, por exemplo, são resultado direto das medidas de **isolamento de presos na Ilha Grande**[45],

---

[42] SALLA, Fernando. Considerações sociológicas sobre o crime organizado no Brasil. **Revista Brasileira de Ciências Criminais**, n. 71, ano 16, mar-abr./2008. São Paulo: RT, 2008, p. 376.

[43] ADORNO, Sérgio; ALVARADO, Arturo. Criminalidade e a governança de grandes metrópoles na América Latina: Cidade do México (México) e São Paulo (Brasil). In: LESSING, Benjamin; MONTEIRO, Joana; MISSE, Michel (Org.). **Dilemas, Revista de Estudos de Conflito Controle Social** – Rio de Janeiro – Edição Especial nº 4 – 2022 – pp. 79-115, p. 101.

[44] SALLA, Fernando. Considerações sociológicas sobre o crime organizado no Brasil. **Revista Brasileira de Ciências Criminais**, n. 71, ano 16, mar-abr./2008. São Paulo: RT, 2008, p. 379.

[45] A Ilha Grande foi utilizada com sede de unidades especiais de isolamento de presos desde o final do século XIX. Nos anos 1930, foi transformada em presídio político, onde os presos eram isolados e torturados (SALLA, Fernando. Considerações sociológicas sobre o crime organizado

o Rio de Janeiro, e no Anexo da Casa de Custódia de Taubaté[46], em São Paulo, respectivamente.[47]

Não há evidências de que o PCC tenha substituído o governo municipal e estadual na gestão das cidades, muito menos de São Paulo. Não obstante, sua presença é irrefutável e seu domínio sobre parcelas substantivas do território urbano é realidade que não pode ser negada.[48]

Nesse contexto, percebe-se que as **organizações criminosas no Brasil se constroem e se apresentam com feições de facções criminosas**. Ademais, possuem uma parcela importante presente nos faccionamentos do sistema prisional, causados pela má estrutura prisional.[49]

---

no Brasil. **Revista Brasileira de Ciências Criminais**, n. 71, ano 16, mar-abr./2008. São Paulo: RT, 2008, p. 377).

[46] O Anexo da Casa de Taubaté foi inaugurado em 1985. Pouco depois da sua inauguração, foi transformado no Centro de Readaptação Penitenciária (Dec. Estadual 23.571, de 17/06/1985), destinado a presos violentos – em geral, líderes de rebeliões –, os quais eram mantidos ali sob duras condições de encarceramento e isolamento. Posteriormente, uma Resolução da Secretaria de Administração Penitenciária (SAP) instituiu o Regime Disciplinar Diferenciado – RDD, que deveria ser ali implantado. Na prática, a Resolução SAP apenas formalizava o regime disciplinar que há tempos já vinha sendo aplicado na Casa de Custódia. A Lei nº 10.792, DE 10/12/2003, editada posteriormente, veio conferir legalidade ao RDD (SALLA, Fernando. Considerações sociológicas sobre o crime organizado no Brasil. **Revista Brasileira de Ciências Criminais**, n. 71, ano 16, mar-abr./2008. São Paulo: RT, 2008, p. 377)

[47] SALLA, Fernando. Considerações sociológicas sobre o crime organizado no Brasil. **Revista Brasileira de Ciências Criminais**, n. 71, ano 16, mar-abr./2008. São Paulo: RT, 2008, p. 376.

[48] LESSING, Benjamin. Governança criminal na América Latina em perspectiva comparada: Apresentação à edição especial. In: LESSING, Benjamin; MONTEIRO, Joana; MISSE, Michel (Org.). **Dilemas, Revista de Estudos de Conflito Controle Social** – Rio de Janeiro – Edição Especial nº 4 – 2022 – pp. 1-10.

[49] É o "estado de coisas inconstitucional", já reconhecido pelo Judiciário na ADPF 347/DF. CUSTODIADO – INTEGRIDADE FÍSICA E MORAL – SISTEMA PENITENCIÁRIO – ARGUIÇÃO DE DESCUMPRIMENTO DE PRECEITO FUNDAMENTAL – ADEQUAÇÃO. Cabível é a arguição de descumprimento de preceito fundamental considerada a situação degradante das penitenciárias no Brasil. SISTEMA PENITENCIÁRIO NACIONAL – SUPERLOTAÇÃO CARCERÁRIA – CONDIÇÕES DESUMANAS DE CUSTÓDIA – VIOLAÇÃO MASSIVA DE DIREITOS FUNDAMENTAIS – FALHAS ESTRUTURAIS – ESTADO DE COISAS INCONSTITUCIONAL – CONFIGURAÇÃO. Presente quadro de violação massiva e persistente de direitos fundamentais, decorrente de falhas estruturais e falência de políticas públicas e cuja modificação depende de medidas abrangentes de natureza normativa, administrativa e orçamentária, deve o sistema penitenciário nacional ser caraterizado como "estado de coisas inconstitucional". (ADPF 347 MC, Relator(a): Min. MARCO AURÉLIO, Tribunal Pleno, julgado em 09/09/2015, PROCESSO ELETRÔNICO Dje-031 DIVULG 18-02-2016 PUBLIC 19-02-2016).
Daniel Sarmento igualmente lembra que um exemplo riquíssimo de diálogo institucional na proteção de direitos ligados ao mínimo existencial vem da jurisdição constitucional colombiana e se liga ao reconhecimento do chamado estado de coisas inconstitucional. Para o autor, "essa técnica, que não está expressamente prevista na Constituição ou em qualquer outro instrumento normativo permite à Corte Constitucional atuar visando à superação de violações graves e

A **criminologia norte americana** concebeu a expressão *Organized crime* em 1919, que tem por significado literal **Crime Organizado** (no Brasil).[50]

Para Juarez Cirino dos Santos *apud* Luiz Flávio gomes, a expressão *Organized crime* surgiu para designar:

> [...] um feixe de fenômenos delituosos mais ou menos indefinidos, atribuídos a empresas do mercado ilícito da economia capitalista criado pela "lei seca" do *Volstead act,* de 1919 – portanto, uma categoria ligada ao aparecimento de crimes definidos como mala *quia prohibita*, por oposição aos crimes definidos como mala in se.[51]

Sempre existiu grande dificuldade para conceituação do crime organizado ou organização criminosa. Esse termo causou grandes discussões por conta da falta de previsão legal e dos escassos estudos sobre o tema. Dessa forma, o conceito de crime organizado ou organização criminosa, é complexo e controverso, tal como a própria atividade do crime nesse cenário.[52]

A conceituação de crime organizado é relevante, não somente para fins acadêmicos, mas pelo fato de se ter criado um tipo penal específico para punir os integrantes dessa modalidade de associação. Diante desse panorama, verificava-se **grande dificuldade ou comodismo do legislativo em estabelecer um conceito legal de organização criminosa.**

No dia 12 de março de 2004, foi promulgada no Brasil, por meio do Decreto-Lei nº 5.015/2004, a **Convenção das Nações Unidas contra o Crime Organizado Transnacional**, cognominada **"Convenção de Palermo"**[53], com status de lei ordinária, ocasião em que o artigo 2, **a definiu** o que vinha ser **"Grupo**

---

massivas de direitos fundamentais (SARMENTO, Daniel. **Dignidade da pessoa humana:** conteúdo, trajetórias e metodologia. Belo Horizonte: Fórum, 2016).

[50] GOMES, Luiz Flávio; SILVA, Marcelo Rodrigues da. **Organizações criminosas e técnicas especiais de investigação:** questões controvertidas, aspectos teóricos e práticos e análise da Lei 12.850/2013. Salvador: JusPodivm, 2015, p. 33.

[51] Idem.

[52] ERNESTO, Leandro Miranda. **Infiltração Policial no Crime Organizado:** sua institucionalidade e relação discricionária persecutória. Rio de Janeiro: Lumen Juris, 2023.

[53] Também conhecida por UNTOC (*United Nations Convention on Transnational Organized Crime*).

Criminoso Organizado", muito embora adotou um conceito vago e impreciso de **crime organizado**, como se afere da leitura do artigo 2 do diploma em comento, e não tenha tipificado essa conduta associativa.[54]

> Artigo 2
>
> Terminologia
>
> Para efeitos da presente Convenção, entende-se por:
>
> a) "Grupo criminoso organizado" - grupo estruturado de três ou mais pessoas, existente há algum tempo e atuando concertadamente com o propósito de cometer uma ou mais infrações graves ou enunciadas na presente Convenção, com a intenção de obter, direta ou indiretamente, um benefício econômico ou outro benefício material;
>
> b) "Infração grave" - ato que constitua infração punível com uma pena de privação de liberdade, cujo máximo não seja inferior a quatro anos ou com pena superior;
>
> c) "Grupo estruturado" - grupo formado de maneira não fortuita para a prática imediata de uma infração, ainda que os seus membros não tenham funções formalmente definidas, que não haja continuidade na sua composição e que não disponha de uma estrutura elaborada;

Diante desse **conceito de Organização Criminosa** estabelecido na **Convenção de Palermo**, o **Superior Tribunal de Justiça – STJ**[55], inclusive a **Recomendação nº 3/2006 do Conselho Nacional de Justiça – CNJ**, passou a **aceitar o uso desta definição para o direito penal e processual penal interno**[56].

Posto isso, o mesmo caso concreto ora julgado pelo STJ supra citado, fora reapreciado pelo **Supremo Tribunal Federal – STF** em 31 de maio de 2012, pela 1ª Turma, na ADI 4414, oportunidade em que o STF decidiu que a conduta

---

[54] GOMES, Luiz Flávio; SILVA, Marcelo Rodrigues da. **Organizações criminosas e técnicas especiais de investigação**: questões controvertidas, aspectos teóricos e práticos e análise da Lei 12.850/2013. Salvador: JusPodivm, 2015, p. 35.

[55] BRASIL. Superior Tribunal de Justiça (5. Turma). **HC 77771 / SP**. Brasília, DF. Relatora: Ministra Laurita Vaz., Dje. 22 de setembro de 2008. Disponível em: <https://processo.stj.jus.br/SCON/jurisprudencia/toc.jsp?i=1&b=ACOR&livre=((%27HC%27.clap.+e+@num=%2777771%27)+ou+(%27HC%27+adj+%2777771%27.suce.))&thesaurus=JURIDICO&fr=veja> Acesso em: 25 Jun 2022.

[56] GOMES, Luiz Flávio; SILVA, Marcelo Rodrigues da. **Organizações criminosas e técnicas especiais de investigação**: questões controvertidas, aspectos teóricos e práticos e análise da Lei 12.850/2013. Salvador: JusPodivm, 2015, p. 35-36.

praticada era atípica, haja vista a **inexistência de conceito legal de organizações criminosas à época**. Ultimou ainda que **o conceito não poderia ser extraído da Convenção de Palermo** (Decreto nº 5.015/2004), sob pena de violação à premissa de **não existir crime sem lei anterior que o defina, nem pena sem a prévia cominação legal** (CF, art. 5º, XXXIX).

Frente a este panorama, **o legislador resolveu abandonar a inércia**, e fazer frente ao **compromisso internacional assumido na Convenção de Palermo**, qual seja: **prevenir e enfrentar mais eficazmente a criminalidade organizada.**[57]

Para tanto, **no dia 24 de julho de 2012 promulgou-se a Lei nº 12.694**, que passou a dispor sobre o processo e julgamento colegiado em primeiro grau de jurisdição de **crimes praticados por organizações criminosas**, e o seu art. 2º passou a **conceituar "organização criminosa" para os "fins desta lei"**. Veja-se o conceito:

> Art. 2º Para os efeitos desta Lei, considera-se organização criminosa a associação, de 3 (três) ou mais pessoas, estruturalmente ordenada e caracterizada pela divisão de tarefas, ainda que informalmente, com objetivo de obter, direta ou indiretamente, vantagem de qualquer natureza, mediante a prática de crimes cuja pena máxima seja igual ou superior a 4 (quatro) anos ou que sejam de caráter transnacional.

Assim, a **Lei nº 12.694/12** ao invés de prever que o aludido conceito serviria para todos os fins legais, colocando fim ao vácuo conceitual, fez o contrário, ou seja, **previu que o conceito de organizações criminosas** por ela trazido serviria **unicamente para fins de formação de juízo colegiado de 1º grau de jurisdição**, reforçando ainda mais a inexistência de um **conceito para outros fins legais.**[58]

Então, **em 12 de agosto de 2013, foi finalmente aprovada e sancionada a Lei nº 12.850 (nova lei de organizações criminosas)**, revogando, assim, expressamente a Lei nº 9.034/95 (antiga lei de combate ao crime organizado) e

---

[57] Idem, p. 38.
[58] Idem, p. 39.

trazendo um **novo conceito de organização criminosa** (agora para todos os fins), com tênues variações quando comparadas com os conceitos da Lei nº 12.694/12 e da Convenção de Palermo.[59] Veja-se o novo conceito de organização criminosa delineado pela lei 12.850/2013:

> Art. 1º, §1º. Considera-se organização criminosa a associação de 4 (quatro) ou mais pessoas estruturalmente ordenada e caracterizada pela divisão de tarefas, ainda que informalmente, com o objetivo de obter, direta ou indiretamente, vantagem de qualquer natureza, mediante a prática de infrações penais cujas penas máximas sejam superiores a 4 (quatro) anos, ou que sejam de caráter transnacional.

Na visão de Winfried Hassemer, **a criminalidade organizada** não é apenas uma organização bem feita, não é somente uma organização internacional, mas é, em última análise, **a corrupção do Legislativo, da Magistratura, do Ministério Público, da polícia**, ou seja, a **paralisação estatal no enfrentamento à criminalidade.** "Nós conseguimos vencer a máfia russa, a máfia italiana, a máfia chinesa, mas não conseguimos vencer uma justiça que esteja paralisada pela criminalidade organizada, pela corrupção."[60]

1.2.2. *Características Essenciais das Organizações Criminosas*

A expressão "**criminalidade organizada**" foi empregada, primeiramente, nos **Estados Unidos da América, na década de 1920**. Seus interlocutores eram **policiais**, referindo-se às **atividades ilegais relacionadas à proibição estatal do consumo do álcool.** Dessa forma, o conceito era utilizado, principalmente, para identificar a **máfia de origem siciliana** que atuava na América, naquele ramo de atividades ilícitas.[61]

---

[59] GOMES, Luiz Flávio; SILVA, Marcelo Rodrigues da. **Organizações criminosas e técnicas especiais de investigação:** questões controvertidas, aspectos teóricos e práticos e análise da Lei 12.850/2013. Salvador: JusPodivm, 2015, p. 39.
[60] HASSEMER, Winfried. **Três temas de direito penal.** Porto Alegre: Publicações Fundação Escola Superior do Ministério Público, 1993, p. 85.
[61] SALLA, Fernando. Considerações sociológicas sobre o crime organizado no Brasil. **Revista Brasileira de Ciências Criminais**, n. 71, ano 16, mar-abr./2008. São Paulo: RT, 2008, p. 368.

Atualmente, a expressão é empregada de forma mais abrangente. Em verdade, o uso das expressões **"crime organizado"** e **"organizações criminosas"**, hoje em dia, de tão abrangente, tornou-se até mesmo inadequado. Dado que ambas as expressões são empregadas indiscriminadamente, resultado de um esvaziamento do seu significado, enfraquecendo suas essências e esvaziando seus contextos.[62]

Contribui para a **incerteza** na determinação da real acepção da locução, **a pluralidade de formatos assumidos pelas organizações.**[63] Por outro lado, **algumas características** apresentadas pelas **organizações criminosas**, embora fluidas e bastante variáveis, conforme o tempo e o local de observação, permitem, de maneira geral, **distingui-las com um bom grau de segurança dos demais fenômenos criminológicos.**[64]

Vimos, quando do estudo da **evolução conceitual de Organizações Criminosas**, que tivemos **duas tentativas falhas** de se estabelecer o que seriam as **Organizações Criminosas**: a primeira com relação a internalização do conceito estabelecido na Convenção de Palermo; a segunda adveio com a Lei nº12.694/12. Somente depois é que tivemos realmente um conceito para todos os fins de Organização Criminosa, com o advento da Lei nº 12.850/13.

Verificamos, também, que os **conceitos tiveram algumas variações**. E são estas variações que abordaremos nesse momento, para posteriormente traçarmos as considerações.[65]

Analisando o conceito trazido pela **Convenção de Palermo**, e registrando a falta de consenso sobre o conceito de crime organizado, José Paulo Baltazar Junior enumera as **características reconhecidas na doutrina e na jurisprudência:**

---

[62] Ibidem.

[63] PACHECO, Rafael. **Crime organizado** – medidas de controle e infiltração policial. Curitiba: Juruá, 2008, p. 36.

[64] GOMES, Luiz Flávio; CERVINI, Raúl. **Crime organizado:** enfoques criminológico, jurídico (Lei 9.034/95) e político criminal. São Paulo: Revista dos Tribunais, 1997, p. 73.

[65] GOMES, Luiz Flávio; SILVA, Marcelo Rodrigues da. **Organizações criminosas e técnicas especiais de investigação:** questões controvertidas, aspectos teóricos e práticos e análise da Lei 12.850/2013. Salvador: JusPodivm, 2015, p. 47.

a) pluralidade de agentes;

b) estabilidade ou permanência;

c) finalidade de lucro;

d) divisão de trabalho;

e) estrutura empresarial;

f) hierarquia;

g) disciplina;

h) conexão com o Estado;

    (h.1) corrupção;

    (h.2) clientelismo;

i) violência;

j) entrelaçamento ou relações de rede com outras organizações;

k) flexibilidade e mobilidade dos agentes;

l) mercado ilícito ou exploração ilícita de mercados lícitos;

m) monopólio ou cartel;

n) controle territorial;

o) uso de meios tecnológicos sofisticados;

p) transnacionalidade ou internacionalidade;

q) embaraço do curso processual;

r) compartimentalização.[66]

Para melhor visualizar as **distinções entre os conceitos**, trouxemos abaixo uma **tabela**, indicando as **semelhanças e diferenças conceituais** quanto aos requisitos cumulativos para a **caracterização de uma organização criminosa**, quais sejam:

a) quórum necessário de associados;

b) suas características essenciais;

c) finalidade; e

d) os tipos de delitos que devem ser por ela praticados.

Tabela 1 – Comparativo das características da Organização Criminosa nas Convenções de Palermo Lei n 12.694/12 e Lei nº 12.850/13

---

[66] BALTAZAR JÚNIOR, José Paulo. **Crimes Federais**. 5ª ed. Porto Alegre: Livraria do Advogado, 2010, p. 505- 512) apud ADI 4414/AL-STF.

	Convenção de Palermo	Lei nº 12.694/12	Lei nº 12.850/13
Quórum	Associação de **3 (três)** ou mais pessoas	Associação de **3 (três)** ou mais pessoas	Associação de **4 (quatro)** ou mais pessoas
Características essenciais	Grupo estruturado, existente há algum tempo e atuando concertadamente	Estruturalmente ordenada e caracterizada pela divisão de tarefas, ainda que informalmente.	Estruturalmente ordenada e caracterizada pela divisão de tarefas, ainda que informalmente.
Finalidade	Com a intenção de obter, direta ou indiretamente, um benefício econômico ou outro benefício material	Obter, direta ou indiretamente, vantagem de qualquer natureza	Obter, direta ou indiretamente, vantagem de qualquer natureza
Delitos que essencialmente devem ser praticados (ou infrações penais instrumentalizadas)	Com o propósito de cometer uma ou mais **infrações graves** enunciadas na presente Convenção (Observação: "Infração grave" de acordo com o art. 2, b da Convenção de Palermo é: ato que constitua infração punível com uma pena de privação de liberdade, cujo máximo não seja inferior a quatro anos ou com pena superior).	Mediante a prática de **crimes** cujas penas máximas sejam **iguais** ou superiores a 4 (quatro) anos ou que sejam de caráter transnacional.	Mediante a prática de **infrações penais** cujas penas máximas sejam **superiores** a 4 (quatro) anos ou que sejam de caráter transnacional.

Fonte: GOMES, Luiz Flávio; CERVINI, Raúl. **Crime organizado:** enfoques criminológico, jurídico (Lei 9.034/95) e político criminal. São Paulo: Revista dos Tribunais, 1997, p. 47.

1.2.3. *O Problema da atuação das Organizações Criminosas no Brasil*

Conforme vimos no tópico anterior, **as causas para a explosão de violência verificada a partir de 2016**, em linhas gerais, tem relação direta com o **racha entre as duas maiores organizações criminosas do país, o PCC e o Comando Vermelho**. Ambas têm **origem no Sudeste, mas ao longo dos anos 2000 foram expandindo seus domínios para outras regiões** e buscando parcerias com organizações criminosas locais que também atuavam com o narcotráfico. **O PCC**, especificamente, acelerou este projeto entre 2012 e 2018, com cerca de 18 mil novos batismos no período, a maioria fora de São Paulo, o que desencadeou o racha com o Comando Vermelho.[67]

Nos becos, vielas e quebradas. Em mansões, apartamentos de alto padrão e carros de luxo. Nas regiões de portos e na fronteira seca. No mar, em rios, na terra e no ar. **Não existe um local no Brasil em que não haja a presença e a atuação de organizações criminosas**. Dentre essas organizações, **o país tem pelo menos 53 facções criminosas em atividade. Com registros de atuação nas 27 unidades federativas, conforme veremos abaixo[68]**:

1	Comando Vermelho	28.	União do Norte
2.	Primeiro Comando da Capital	29.	Equipe Rex
3.	Bonde dos 13	30.	Equipe Real
4.	Ifara	31.	Okaida
5.	Família do Norte	32.	EUA
6.	Família Terror do Amapá	33.	Máfia paranaense
7.	Amigos Para Sempre	34.	Amigo dos Amigos
8.	União do Crime do Amapá	35.	Sindicato do Crime
9.	Primeiro Comando do Panda	36.	Abertos
10.	Terceiro Comando Puro	37.	Bala na Cara
11.	Crias da Tríplice	38.	Os Manos
12.	Katiara	39.	Comando pelo Certo
13.	Comando da Paz	40.	Farrapos
14.	Caveira	41.	Unidos pela Paz
15.	Bonde do Maluco	42.	Os Tauras
16.	Mercado do Povo Atitude	43.	Vândalos
17.	Ordem e Progresso	44.	Mata Rindo
18.	Bonde dos Ajeita	45.	Grupo K2
19.	Guardiões do Estado	46.	Cebolas
20.	Comboio do Cão	47.	Primeiro Comando do Interior
21.	Trem Bala	48.	Primeiro Grupo Catarinense
22.	Primeiro Comando de Vitória	49.	Força Revolucionária Catarinense
23.	Família Monstro	50.	Primeiro Crime Revolucionário Catarinense
24.	Bonde dos 40	51.	Máfia tocantinense
25.	Primeiro Comando do Maranhão	52.	Comando Vermelho de Goiás
26.	Comando Classe A		
27.	Bonde dos 30		

---

[67] MANSO, Bruno Paes; DIAS, Camina Nunes. **A Guerra**: A Ascensão do PCC e o Mundo do Crime no Brasil. São Paulo, Todavia, 2018.

[68] BRASIL. **Anuário Brasileiro de Segurança Pública 2018-2021**. Especial Eleições 2022. Fórum Brasileiro de Segurança Pública, 2022. Disponível em: <https://forumseguranca.org.br/wp-content/uploads/2022/07/anuario-2022-ed-especial-OLDv1.pdf>. Acesso em: 20 Ago. 2023.

53.   Comando Vermelho de Santa
       Catarina

Abaixo, segue a divisão dessas facções criminosas por estado:

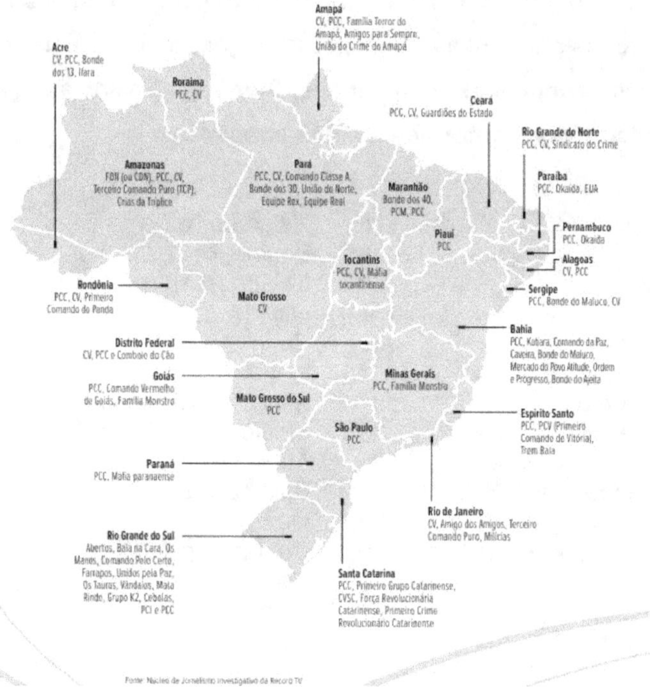

Hoje **o PCC é a maior facção criminosa do país,** conta com ao **menos 35 mil integrantes,** sofisticados métodos de lavagem de dinheiro e se conecta com organizações criminosas em todo o mundo, tal como a máfia italiana '*Ndrangheta*[69].

Já o **Comando Vermelho**, que é a **facção mais antiga do país,** ocupa o posto de **segunda maior do Brasil.** Apesar de ter sido a primeira a chegar no Paraguai, onde busca drogas e armas, o CV não tem tradição de exportar

---

[69] ADORNO, Luís; MUNIZ, Tiago. As 53 facções criminosas brasileiras. *In:* **Anuário Brasileiro de Segurança Pública:** Especial Eleições 2022. Fórum Brasileiro de Segurança Pública, 2022.

cocaína para outros continentes -apesar de haver registros de envio de droga para fora.[70]

Das 27 unidades federativas do país, **apenas quatro têm o domínio de uma só facção em seu território**: São Paulo, Mato Grosso do Sul e Piauí têm como facção predominante o **PCC**. Já o Mato Grosso é dominado apenas pelo **CV**. Dados do segundo semestre de 2021 apontam registros de conflitos violentos dentro do sistema penitenciário em pelo menos 11 estados. E, no mesmo período, em pelo menos nove unidades da federação as facções se enfrentavam nas ruas. Esses registros, no entanto, são voláteis. De lá para cá, esses choques podem ter cessado, se ampliado ou outras dinâmicas locais podem ter surgido.[71]

No **Sudeste**, **as principais facções criminosas em atividade**, além do **PCC** e do **CV**, são a **Amigo dos Amigos**, **Terceiro Comando Puro**, **Primeiro Comando de Vitória** e **Trem Bala**[72].

Analisados o problema da violência no Brasil e a origem, evolução conceitual e características do Crime Organizado, passaremos a estudar os problemas e desafios enfrentados por a segurança pública brasileira no enfrentamento desses problemas.

1.2. Segurança Pública Brasileira: Problemas e Desafios

A palavra **segurança** é geralmente definida em termos de **ausência de ameaças**. Ou seja, há uma garantia de que certos valores ou bens não serão perturbados.[73] Já **ameaça** pode ser definida como uma ação ou uma sequência de eventos que prenuncia a degradação da qualidade de vida dos sujeitos, num breve período.

---

[70] Ibidem.
[71] Ibidem.
[72] Ibidem.
[73] ULLMAN, Richard H. (1893). *Redefining security*. *International Security*, v. 8, (n. 1), pp. 129-153.

Em uma sociedade democrática, a **segurança pública** busca garantir a proteção dos direitos individuais e assegurar, com isso, o pleno exercício da cidadania. Desta feita, a segurança passa a ser um prerrequisito ao exercício da liberdade de cada indivíduo, e, mais além, traduz-se em condição fundamental à edificação de novos paradigmas políticos, econômicos e sociais que privilegiem a qualidade de vida das pessoas.

Nesse sentido, é importante compreender que o **problema da segurança**, analisado sob a vertente da **segurança pública**, não pode, de forma alguma, se dissociar de uma atuação pautada no respeito, na defesa e na promoção dos direitos humanos.

Nesse sentido, a **segurança pública** deve ter por diretriz uma **Política Criminal diferenciada:** a atuação dos agentes públicos envolvidos na segurança pública, na adoção de práticas de controle da violência, não deve ser orientada, como de costume, a um inimigo em potencial – o delinquente, na ideologia do "combate ao criminoso" (visão essa da segurança nacional: de combate ao inimigo em situação de guerra) –, mas na articulação de mecanismos efetivos de proteção dos direitos humanos. Isso porque a maioria das pessoas com quem a polícia interage são cidadãos e não "inimigos" ou criminosos.

Dessa forma, esse é o **grande desafio**: compatibilizar a **redução da violência e da criminalidade** e, ao mesmo tempo, **respeitar e promover os direitos humanos.**

Nesse sentido, oportuno se faz atentar para o fato de que não se deve confundir **segurança pública** com **segurança nacional**, razão porque os objetivos daquela são mais restritos e só, excepcional e indiferentemente, certos ilícitos que a conturbam são capazes de transpor as fronteiras nacionais.

A segurança pública caracteriza-se pela responsabilidade do Estado no concernente à efetivação das condições de segurança da população, no desempenho de funções próprias a uma **República Democrática**.

Apesar de apresentar um status constitucional (artigo 5º, caput da Constituição Federal Brasileira), **o direito à segurança no Brasil** tem suportado constantes violações, praticadas, na maioria das vezes, pelo poder público, especialmente pela polícia.

As instituições policiais e de justiça criminal não experimentaram reformas significativas nas suas estruturas. Avanços eventuais na gestão policial e reformas na legislação penal têm se revelado insuficientes para reduzir a incidência da violência urbana, numa forte evidência da falta de coordenação e controle.

Num exemplo, temos um Congresso que há quase 27 anos tem dificuldades para fazer avançar uma **agenda de reformas** imposta pela Constituição de 1988, que até hoje possui diversos artigos sem a devida regulação, abrindo margem para enormes zonas de sombra e insegurança jurídica.[74]

Para a segurança pública, o efeito dessa postura pode ser constatado na **não regulamentação do artigo 23 da Constituição Federal**, que trata das atribuições concorrentes entre os entes da Federação ou **dos parágrafos 7º e 8º do artigo 144**, que dispõe sobre os mandatos e as atribuições das instituições encarregadas de prover segurança pública.

A ausência de regras que regulamentem as funções e o relacionamento das polícias federais e estaduais, e mesmo das polícias civis e militares, produz no Brasil um quadro de diversos ordenamentos para a solução de problemas similares de segurança e violência sem, contudo, conseguirmos grandes avanços em boa parte do território nacional.[75]

Outro ponto que devemos chamar a atenção é que **não se reduz os índices de violência e criminalidade exclusivamente com a atuação da polícia**. Ou seja,

---

[74] LIMA, RENATO SÉRGIO DE; BUENO, SAMIRA; MINGARDI, GUARACY. Estado, Polícias e Segurança Pública no Brasil. **Revista Direito GV**. São Paulo: FGV Direito, v. 12, nº 1, p. 49-85, JAN-ABR, 2016, p. 50.
[75] Ibidem.

não devemos **policiar** os problemas de segurança pública e sim **politizá-los**, por meio da **implementação de políticas públicas**, já que os problemas de segurança pública possuem **complexidade** que reclama um recorte **transversal e multidisciplinar**.

Nesse sentido, a **segurança pública** vem se tornando um grande desafio para os governos. A implementação de **políticas públicas de segurança pública**, portanto, pressupõe um **conjunto de ações governamentais** que **não devem se limitar a atuação das instituições policiais.**

Os problemas de segurança não podem ser enfrentados, apenas, com **repressão policial** e **criação de novos crimes** e **aumento das penas dos crimes já existentes**. É necessário que haja uma **atuação integrada e articulada de diversos atores políticos** como a polícia, o Judiciário, o Ministério Público, a Defensoria Pública, a Ordem dos Advogados do Brasil, e a atuação maciça estatal nas áreas de saúde, educação, emprego, lazer, saneamento básico, dentre outros.

A seguir, estudaremos o planejamento estratégico em segurança pública.

1.3.1. Planejamento Estratégico Aplicado à Segurança Pública

Diante desses desafios, é que **o estudo da administração da segurança pública** e, mais especificamente, **o estudo e aplicação prática do planejamento estratégico para a área da segurança pública** se mostram fundamentais ao controle da violência e da criminalidade.

Para que os órgãos responsáveis por a segurança pública possam cumprir o seu papel e missão constitucional e organizacional, torna-se necessário que seja realizado o **planejamento estratégico respectivo.**

O **planejamento estratégico**, como ferramenta organizacional, parece ser um facilitador, orientador e acelerador das mudanças na gestão do negócio. **Inicia-**

se a partir de seu **processo de análise e verificação de novas ameaças, oportunidades e necessidades**, tendo como essenciais a visão, missão, metas com objetivo de garantir qualidade, lucro e seu posterior acompanhamento independente do porte da empresa ou entidade pública.[76]

No que tange a **visão estratégica**, de acordo com Andrade, "(...) se refere à definição de uma situação futura desejada em longo prazo que se caracterize como uma meta ambiciosa, e que possa servir como guia, tanto para definição de objetivos como para a realização da missão institucional."[77]

Até recentemente, no Brasil, **o problema da segurança pública** era compreendido como algo que diz respeito apenas ao **governo estadual** e, dentro dele, especificamente **aos órgãos do sistema de justiça criminal**: polícia, ministério público, judiciário e administração prisional.[78]

O **argumento principal** para o **não envolvimento na questão da segurança** era o de que o art. 144 da Constituição atribui ao **governo estadual** a responsabilidade pelas polícias civis e militares. Desta feita, a partir de uma **concepção limitada de segurança**, trazida pela própria Constituição Federal, **a atuação federal e municipal ficava comprometida**

Sobre o **envolvimento federal nas questões de segurança**, este se resumia nas ações da Polícia Federal, ao controle de algumas atividades — armas, empresas de segurança privada etc. —, bem como na elaboração de projetos de lei no âmbito criminal e penal.

No que diz respeito ao **âmbito municipal**, algumas poucas prefeituras mantinham **Guardas Civis** para a vigilância dos prédios municipais, enquanto

---

[76] TEIXEIRA, Grazielle Fátima Gomes; CANCIGLIERI JÚNIOR, Osiris. *How to make strategic planning for corporate sustainability? Journal of Cleaner Prodution*, v. 230, p. 1421-1431, 2019.
[77] ANDRADE, A. R. de. **Planejamento estratégico**: formulação, implementação e controle. 2. ed. São Paulo: Atlas, 2016, p. 23.
[78] KAHN, T.; ZANETIC, A. **O papel dos municípios na segurança pública**. Relatório final: concursos nacionais em pesquisas aplicadas em justiça criminal e segurança pública. Brasília: Senasp — Secretaria Nacional de Segurança Pública, 2005.

outras ajudavam de forma ineficaz as polícias estaduais, contribuindo com combustível, equipamentos ou empréstimo de imóveis.

Nas últimas décadas, contudo, verificou-se um **alargamento da questão de segurança pública**, tanto do ponto de vista conceitual quanto do ponto de vista administrativo: de problema **estritamente policial** passou a figurar como **questão multidisciplinar**, envolvendo diversos níveis e instâncias administrativas.

Em contraposição ao modelo tradicional de segurança pública, surgiram **novas propostas de intervenção em âmbito municipal** que apresentam uma abordagem alternativa da questão da segurança, enfatizando o caráter **interdisciplinar**, **pluriagencial** e **comunitário** na problemática.

Tal modelo defende a visão de que segurança deve **deixar de ser competência exclusiva das polícias** para converter-se em **tema transversal do conjunto das políticas públicas municipais**, uma vez que a ação policial é somente uma das formas de se abordar uma conduta antissocial. Grosso modo, isso significa que **segurança pública** é **função do poder público**, mas exercida em conjunto com a **comunidade**, tanto no planejamento como na execução de programas preventivos.[79]

Conforme o Relatório de gestão do Ministério da Justiça brasileiro[80], a busca pela **construção da paz** depende da adoção de uma **transformação estrutural nas ações de segurança pública**: o enfoque privilegiado na lógica da prevenção e da gestão.

Ferreira afirma que, no atual cenário da sociedade, onde a violência e a criminalidade perseguem o Estado como um de seus mais graves problemas, **a ferramenta do planejamento estratégico** é básica ao preparo e controle

---

[79] KAHN, T.; ZANETIC, A. **O papel dos municípios na segurança pública**. Relatório final: concursos nacionais em pesquisas aplicadas em justiça criminal e segurança pública. Brasília: Senasp — Secretaria Nacional de Segurança Pública, 2005.
[80] BRASIL. MINISTÉRIO DA JUSTIÇA. Secretaria Nacional de Segurança Pública. **Relatório de gestão**. Brasília: exercício 2021.

preventivo e repressivo. Na visão do autor, torna-se necessária uma **nova visão de prevenção e resposta social aos problemas e danos motivados pela violência e pela criminalidade urbanas**, que possa proporcionar uma ferramenta de grande utilidade à gestão governamental.[81]

1.3.2. *Gestão de Segurança Pública*

O crime organizado não habita em favelas, não transporta drogas, não se limita a presídios, de maneira geral. **Crime organizado**, por definição, **é de elite**. Lava dinheiro e tem gordas contas internacionais, além de negócios lícitos de fachada, na maioria das vezes.

A natureza do crime organizado é **transversal**, não é paralela. Se o crime organizado fosse o tal "estado paralelo" de que se fala, conseguiríamos identificá-lo e combatê-lo com muito maior facilidade. Mas é, por sua obliquidade, por sua presença contaminante nas mais glamourosas instituições públicas e privadas, que é tão difícil combatê-lo.

Por confundir-se **crime organizado** com **organizações delinquenciais** é que se perdeu tanto tempo em **ações invasivas espetaculosas em favelas**, com polícias entrando e saindo, "pedalando" portas, tiroteando, eventualmente matando inocentes e **não alterando em nada o quadro da triste realidade**.

O crime organizado, obviamente, continua incólume, porque não é lá que ele está. Terminado o espetáculo, aciona seus "exércitos industriais de reserva" e tudo continua como dantes. Isso não quer dizer que devamos ser lenientes ou fracos com os delinquentes que estão maltratando e explorando os pobres nas vilas e favelas brasileiras. Contudo, somente uma **ação séria e persistente, não fundada em políticas demagógicas e midiáticas**, pode ser consequente na redução do crime e da violência em territórios por eles dominados.

---

[81] FERREIRA, N.J.C. **Planejamento estratégico em segurança pública**. Disponível em: www.observatoriodeseguranca.org. Acesso em: 08 Jul 2023.

Se for inevitável uma intervenção mais contundente, é evidente que a essa deve se seguir uma ocupação por policiais de proximidade, que permaneçam em uma relação dialogal e confiável – pelo tempo – com a comunidade.

O quadro dramático da Segurança Pública brasileira tem sido **agravado** pelo **amadorismo**, pelo **empirismo**, pelo **"conhecimento da ponta"**, **das ruas** (que não pode ser desprezado, mas tampouco maximizado), **pela mera "intuição"**. As políticas intuitivas constituem-se em um verdadeiro desastre histórico para a segurança do povo brasileiro.

Gestão de Segurança Pública, um tema complexo, tem que ser feita com **conhecimento científico**. Na linha contrária, há um acúmulo de décadas de demagogia e má politização (salvo raras e honrosas exceções). Nesse tempo, frotas e frotas de viaturas desfilaram pelas ruas das grandes cidades, sirenes ligadas, giroflex acesos, como se, enfim, por isso, alguma coisa fosse mudar. Mas, por detrás da cena para aplacar o clamor público, nenhum sistema, nenhuma proposta. Apenas mais do mesmo para obter os mesmos resultados.

2.   SISTEMAS INTERNACIONAIS DE SEGURANÇA PÚBLICA

Esse tópico por objetivo dotar o leitor de conhecimentos acerca dos Sistemas Internacionais de Segurança Pública. Serão apresentados os conceitos e o funcionamento das Cooperações jurídicas e policiais internacionais e da INTERPOL.

Com relação à Cooperação Jurídica Internacional será abordada a cooperação jurídica internacional ativa e passiva; quem é a autoridade central e qual seu papel; qual o objetivo dessa cooperação; Quem exerce o papel de Autoridade Central para a Cooperação Jurídica Internacional no Brasil; quem pode solicitar a cooperação jurídica e o que pode ser solicitado por meio da cooperação jurídica, dentre outras.

Em seguida, passaremos a estudar a Cooperação Policial Internacional, que tem como fundamento o enfrentamento ao crime organizado transnacional.

E por fim, passaremos a estudar a INTERPOL, como importante instrumento de Cooperação Policial Internacional.

2.1. Cooperação Jurídica Internacional[82]

A crescente movimentação de pessoas, bens, serviços, informações e capitais entre as fronteiras demanda, cada vez mais, **mecanismos** que permitam aos países desenvolverem o **auxílio mútuo** para bem exercerem a sua **atividade jurisdicional.**

A Cooperação Jurídica Internacional é o instrumento por meio da qual um Estado, para fins de **procedimento** no âmbito da sua **jurisdição, solicita outro Estado** medidas administrativas ou judiciais que tenham **caráter judicial** em pelo menos um desses Estados.

Quando o Estado brasileiro solicita cooperação de um país estrangeiro diz-se que a cooperação é **ativa**. Ao contrário, quando um país estrangeiro solicita a cooperação do Brasil diz-se que a cooperação é **passiva**.

O país que demanda a cooperação é dito Estado requerente, enquanto o país demandado é dito Estado requerido.

A cooperação jurídica internacional ativa (solicitada pela autoridade policial brasileira), no âmbito da Polícia Federal, deve atender a alguns requisitos. Quais sejam:

---

[82] BRASIL. Ministério da Justiça. **Cartilha de Cooperação Jurídica Internacional em matéria Penal**. Brasília: Ministério da Justiça, 2014. Disponível em: < https://www.gov.br/mj/pt-br/assuntos/sua-protecao/lavagem-de-dinheiro/drci/publicacoes/manuais/cooperacao-juridica-internacional-em-materia-penal/cartilha-penal-09-10-14-1.pdf> Acesso em: 27 Jul 2023.

1. Existência de acordo bilaterais, tratados regionais ou multilaterais que estabeleçam a cooperação entre os países ou a simples promessa de reciprocidade.[83]

2. Correta instrução do pedido (formulário de cooperação jurídica internacional).[84]

Autoridade Central é o órgão responsável pela boa condução da cooperação jurídica que cada Estado realiza com os demais países. Cabe à **Autoridade Central** receber, analisar, adequar, transmitir e acompanhar o cumprimento dos pedidos de cooperação jurídica.

Essa análise tem o **objetivo** de verificar o atendimento aos requisitos da lei do Estado requerido e adequação aos seus costumes, bem como ao tratado internacional que fundamenta o pedido, conferindo, assim, maior agilidade e efetividade ao procedimento. Cada país, cada tratado internacional, cada medida gera um rol específico de requisitos. São inúmeras, portanto, as variantes.

É papel da Autoridade Central, conhecendo todas essas particularidades, adequar o pedido e cuidar para que o seu cumprimento se dê da maneira mais célere possível. A **Autoridade Central** tem, portanto, a **atribuição** de coordenar a execução da cooperação jurídica internacional realizada por seu país, inclusive para buscar junto à comunidade internacional melhorias no sistema de cooperação jurídica entre os Estados.

É importante mencionar, principalmente, que **o trâmite do pedido de cooperação jurídica** pela **Autoridade Central reveste** de legalidade a medida obtida, uma vez que garante sua lisura e autenticidade, habilitando-a para ser utilizada como meio de prova válido em processo judicial.

---

[83] A lista completa e atualizada dos acordos e tratados de que o Brasil é parte pode ser encontrada no site d Ministério da Justiça.

[84] BRASIL. Ministério da Justiça. **Cartilha de Cooperação Jurídica Internacional em matéria Penal**. Brasília: Ministério da Justiça, 2014. Disponível em: < https://www.gov.br/mj/pt-br/assuntos/sua-protecao/lavagem-de-dinheiro/drci/publicacoes/manuais/cooperacao-juridica-internacional-em-materia-penal/cartilha-penal-09-10-14-1.pdf> Acesso em: 27 Jul 2023.

A Autoridade Central faz parte do 'pacote' de medidas adotadas pelo Estado, visando garantir que a cadeia de custódia da diligência solicitada no exterior não seja quebrada em nenhum momento da relação de cooperação.

No Brasil, **o Ministério da Justiça** foi designado para exercer o papel de **Autoridade Central** para cooperação jurídica internacional, missão esta cumprida por intermédio do **Departamento de Recuperação de Ativos e Cooperação Jurídica Internacional (DRCI)** e do **Departamento de Estrangeiros (DEEST)**, nos termos do Decreto nº 6.061/2007.

Ao DEEST compete analisar e tramitar os pedidos de extradição e de transferência de pessoas condenadas. Ao DRCI cabe analisar e tramitar as demais espécies de pedidos de cooperação jurídica internacional

A cooperação jurídica internacional é exercida pelos Estados com base em **acordos bilaterais, tratados regionais e multilaterais** e, para alguns países e em alguns casos, com base na **promessa de reciprocidade**.

O Brasil é parte de uma ampla gama de acordos e tratados e coopera mediante promessa de reciprocidade em casos análogos por parte do Estado estrangeiro.

Por meio desses instrumentos internacionais, o Brasil não apenas adquire o direito de solicitar cooperação jurídica aos outros Estados Partes, como também se compromete a dar cumprimento aos pedidos que aqui aportem oriundos desses países.[85]

---

[85] Uma lista completa e atualizada dos acordos e tratados de que o Brasil é parte pode ser encontrada no site do Ministério da Justiça – http://www. justica.gov.br/sua-protecao/cooperacao-internacional.

Os mais recentes acordos ratificados pelo País definem como autoridade competente para solicitar cooperação a **"autoridade que conduz a investigação, o inquérito, a ação penal, ou outro procedimento relacionado com a solicitação"** (artigo 4 do Tratado entre a República Federativa do Brasil e a República Popular da China sobre Assistência Judiciária Mútua em Matéria Penal – Decreto n° 6.282/2008).

Salvo disposição em contrário prevista em tratado ou na legislação do Estado requerido, **a legitimidade para solicitar cooperação jurídica** é determinada pela lei do Estado requerente.

Assim, se determinada autoridade pode solicitar alguma medida perante o judiciário nacional, ela também o pode via cooperação jurídica. Por exemplo, estão habilitados a solicitar cooperação jurídica para uma ampla gama de medidas, **membros do Poder Judiciário, dos Ministérios Públicos e das Polícias Judiciárias.**

O que pode ser solicitado por meio da cooperação jurídica?

As medidas solicitadas por cooperação abrangem desde a **troca de informações sobre a legislação dos países, citações, intimações, obtenção de provas, tomada de depoimentos ou declarações** (inclusive por meio de teleconferência ou videoconferência) **até o bloqueio, o perdimento e a recuperação de ativos.**

2.2. Cooperação Policial Internacional

A Segurança sempre esteve associada a uma agenda unidimencional para os Estados. O termo **Segurança Internacional** pode ser considerado a **ausência de ameaças relevantes no ambiente internacional**, advindas do espaço translocal ou de alguma forma com características que lhe indicam a natureza internacional.

A **inexistência de um governo ou governança internacional** plena, capaz de estabelecer uma política suficiente para minimizar as ameaças ao equilíbrio ou aos interesses de cada um dos Estados, indica uma responsabilidade superior para os **entes políticos domésticos**, qual seja: garantir que as ameaças não transponham a insegurança do espaço anômico da comunidade internacional para o ambiente doméstico, eventualmente regulado.

O fortalecimento do sentimento coletivo internacional em torno da **segurança internacional** esteve associado às experiências posteriores as duas grandes guerras mundiais. Como resultado, a Liga das Nações (LDN) e Organização das Nações Unidas (ONU) surgiram com objetivos específicos de impor certas obrigações aos Estados de modo a evitar atividades contrárias à paz.[86]

Ambas construíram nas suas estruturas burocráticas espaços para imposição de restrições aos Estados violadores das regras e princípios que objetivavam assegurar a existência num ambiente internacional seguro.

A agenda de **segurança pós-nacional** é superior ou contrária aos interesses particulares dos Estados.

Nessa toada, **o processo de globalização econômica** também afetou o fenômeno da **criminalidade**. Agora, a **transgressão penal não respeita mais as fronteiras dos países** e, constantemente, desafia seus limites, soberanias e jurisdições. Com isso, o **Direito Internacional** e o **processo de cooperação policial internacional** enfrentam atualmente **um grande desafio**, a saber: **enfrentar o crime organizado transnacional – COT.**

---

[86] LEONARDO, Arquimimo de Carvalho. **Segurança, segurança pública internacional e desenvolvimento: contributo para um verbete**. Bogotá: Revista *Via Iuris, n. 11,* 2011, pp. 137-148. Disponível em: <https://www.redalyc.org/articulo.oa?id=273922799008> Acesso em: 23 Jul 2023.

Para Renato Silveira, por exemplo, **o crime organizado transnacional** adotou **práticas empresariais de administração** a fim de maximizar a rentabilidade de suas atividades ilícitas e assumiu, dessa forma, um **"padrão global"**.[87]

Agora, **na tentativa de furtar-se aos efeitos das leis penais de determinado país**, os criminosos **previamente planejam e escolhem jurisdições** para a prática de determinados delitos e **locais mais apropriados para fugir**, numa espécie de **planejamento penal**.

O conceito de **crime organizado transnacional – COT** ainda não foi definitivamente estabelecido. Tanto os doutrinadores, quanto a jurisprudência internacional, bem como as diversas organizações internacionais responsáveis pelo combate ao COT, preferem elencar as diversas características identificadoras do COT do que estabelecer e precisar um conceito científico sobre o fenômeno.

Para o **direito penal**, o estudo do COT é derivado da necessidade e obrigação de proteção ao bem jurídico – segurança pública – e da atuação dos Estados na prevenção e repressão das organizações criminosas transnacionais. Certamente, **o COT engloba várias atividades ilícitas que colocam em risco a segurança pública internacional**. Esse movimento de ameaça à segurança pública internacional foi uma consequência do **rompimento das fronteiras territoriais dos Estados pelo COT** e **da intensificação de suas atividades ilícitas em solo estrangeiro**.

Atualmente, o COT tem suas atividades moldadas pela lógica **capitalista** e **econômica**. Assim, apesar das **organizações criminosas transnacionais** desenvolverem suas atividades fora dos padrões de licitude possuem o intuito de maximização de lucros, inclusive por meio da quebra de regras de concorrência lícita, subvertendo, a seu favor, o próprio sistema capitalista para a integração dos recursos obtidos ilicitamente.

---

[87] SILVEIRA, Renato de Mello Jorge. **Direito Econômico como Direito Penal de perigo**. São Paulo: Editora Revista dos Tribunais, 2006, p. 57

Nessa empreitada, o COT **diversificou suas atividades** e **adquiriu uma enorme capacidade de atuação**, **organizando-se** estrutural e economicamente para explorar diversas atividades ilegais. Nessa **empreitada de globalização da atividade criminosa**, o COT passou a explorar, entre outras, **as seguintes atividades ilícitas: o jogo, o proxenetismo e a prostituição, o tráfico de pessoas e de migrantes, o tráfico de drogas, o tráfico de armas e de veículos, o furto de obras de arte.**[88]

Atualmente, o COT no Brasil é dominado por duas principais aglomerações, a saber: Comando Vermelho, com maior atuação na região do Rio de Janeiro, e o Primeiro Comando da Capital, grupo que domina as atividades criminosas na região de São Paulo.

A partir dessa realidade, a Assembleia Geral das Nações Unidas decidiu, em 1998, elaborar uma **convenção internacional contra o crime organizado transnacional**, cujo texto final, após os devidos estudos, foi aprovado na Conferência de Palermo, em 2000.

Nesses estudos, a ONU definiu **seis características** necessárias para a configuração da atividade ilícita como **crime organizado transnacional**, a saber:

- Grupo organizado para cometimento de crime;
- Hierarquia e vínculos pessoais que permitam ao líder o controle do grupo;
- Violência, intimidação, corrupção, utilizados como ferramentas para a obtenção de lucros e vantagens, assim como para controlar territórios e mercados;
- Lavagem de ativos por meio da integração do ganho ilícito ao mercado formal, a fim de torná-los com aparência de legítimos;
- Potencialidade de expansão em novas atividades para além das fronteiras;

---

[88] RODRIGUES, Anabela Miranda. **O direito penal europeu emergente**. Coimbra: Editora Coimbra, 2008, p. 174.

• Vínculos de cooperação com outros grupos do crime organizado transnacional.

Esses elementos foram incorporados ao texto da **Convenção das Nações Unidas contra o Crime Organizado Transnacional**, também conhecida simplesmente por **Convenção de Palermo**, no qual conceitua, no artigo 2º, grupo criminoso organizado como:

> grupo estruturado de três ou mais pessoas, existente há algum tempo e atuando concertadamente com o propósito de cometer uma ou mais infrações graves ou enunciadas na presente Convenção, com a intenção de obter, direta ou indiretamente, um benefício econômico ou outro benefício material.[89]

A mudança de paradigma é inevitável e passa pela **cooperação policial internacional.**

A cooperação policial internacional tem como alicerce de seu desenvolvimento e aprimoramento a **confiança** e **solidariedade mútua** entre os Estados democráticos soberanos no enfrentamento à criminalidade organizada transnacional.

Por certo, o **processo de cooperação policial internacional** visa ao estímulo do esforço de **solidariedade recíproco** e deve ser operacionalizado em um ambiente de bases neutras, seguras e confiáveis.

Todavia, quando a **jurisdição** esbarra na **eficácia da lei processual penal no espaço**, surge a **Organização Internacional de Polícia Criminal/INTERPOL**, no contexto do enfrentamento da criminalidade no mundo. Conhecida, hodierna, como INTERPOL, com sede em Lyon/França, visa apoiar as demais organizações e serviços dedicados à prevenção e repressão ao combate da criminalidade, na tentativa de contribuir na criação de um mundo mais seguro.

---

[89] DIREITO INTERNACIONAL, Legislação. **Convenção das Nações Unidas contra o Crime Organizado Transnacional** - Convenção de Palermo. Adotada e proclamada pela Assembleia Geral da Organização das Nações Unidas em Nova York, de 15 de novembro de 2000. Disponível em <http://www.planalto.gov.br/ccivil_03/_ato2004- 2006/2004/decreto/d5015.htm>. Acesso em: 27 Jul 2023.

Assim, a INTERPOL pode e deve funcionar como facilitadora da **cooperação policial internacional**, na medida em que oferece um ambiente neutro, controlado, seguro e confiável que aumenta as possibilidades de troca de informações e experiências e de realização de ações operacionais internacionais conjuntas para o combate à criminalidade transnacional organizada.

Nesse contexto, passaremos a estudar com mais profundidade a INTERPOL.

3.   INTERPOL[90]

Quando se fala em INTERPOL, muitos pensam em um super agente, ao estilo 007, que pode transitar por qualquer país e efetuar a prisão de quem quiser sem dar satisfação para as autoridades locais. Contudo, isso está muito longe da realidade.

Imagine que você é vítima de um crime cometido por alguém de outro país. Como a polícia pode pegar a pessoa?

A Organização Internacional de Polícia Criminal – INTERPOL é um **instrumento de cooperação policial internacional**. Criada em 1923, mas idealizada em 1914, é uma **organização intergovernamental** cuja finalidade é promover a **cooperação policial internacional** (ajudam as polícias de todos os países membros a trabalhar em conjunto para tornar o mundo um lugar mais seguro. Para tanto, permite que compartilhem e acessem dados sobre crimes e criminosos e oferece uma variedade de suporte técnico e operacional), **inclusive nos casos em que não existam relações diplomáticas.**

É reconhecida como **Organização Internacional Intergovernamental** pela ONU e detém **personalidade jurídica internacional independente da dos**

Estados que a compõem, podendo inclusive **celebrar tratados de cooperação internacional.**

A INTERPOL, conforme o artigo 5º do documento que a constitui, tem suas estrutura e organização voltada para o **combate à delinquência e ao crime internacional**, ou seja, **aos crimes transnacionais**[91] (comuns a todas às nações), priorizando os **direitos humanos** e as **leis nacionais** dos seus países-membros.

Tem como **princípio** o **caráter universal**, portanto **sem limitações territoriais**, e conta atualmente com **195 países-membros**[92], sendo a maior organização internacional intergovernamental existente, tendo superado a Organização das Nações Unidas - ONU, que conta com 193 países-membros.[93]

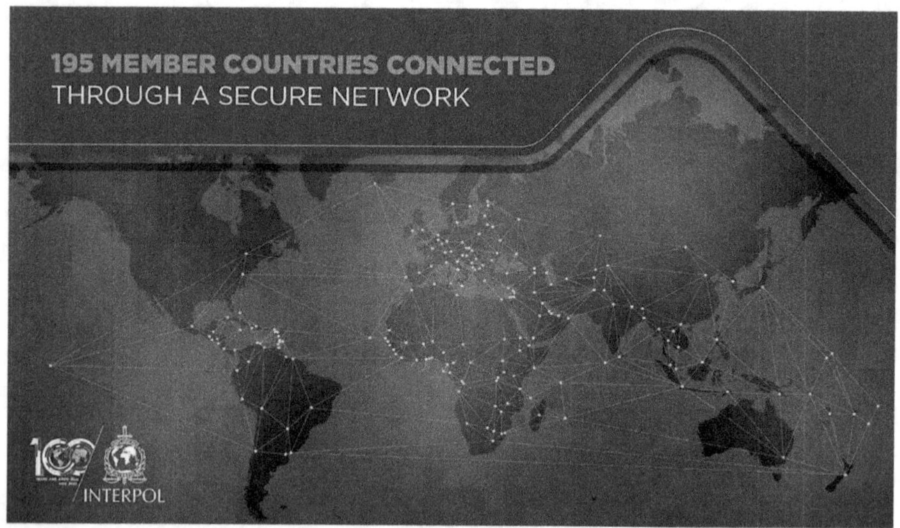

Fonte: INTERPOL[94]

---

[91] Por crime transnacional pode-se entender todo e qualquer crime de consecução internacional, ou seja, todo crime que se inicie num país e se estenda a um ou mais países.
[92] INTERPOL. Disponível em: <https://www.INTERPOL.int/Who-we-are/INTERPOL-100> Acesso em: 25 Jul 2023.
[93] ONU. Sobre nós. Disponível em: < https://www.un.org/en/about-us>. Acesso em: 27 Ago. 2023.
[94] INTERPOL. Disponível em: <https://www.INTERPOL.int/Who-we-are/INTERPOL-100> Acesso em: 25 Jul 2023.

3.1. Criação da INTERPOL

A INTERPOL foi criada em 1923 por 20 países que viam uma necessidade urgente de facilitar a cooperação entre a polícia além-fronteiras.

Desde então, o mundo mudou, mas a necessidade dessa cooperação continua tão forte como sempre. O papel da INTERPOL continua a ser único, pois é a única organização com o mandato e a infraestrutura técnica para partilhar informações policiais a nível mundial.

Hoje, a INTERPOL desempenha um papel central na arquitetura de segurança global, representando estabilidade, oferecendo neutralidade e inspirando confiança num mundo em rápida mudança.

Embora a INTERPOL tenha sido oficialmente criada em 1923, **a ideia** nasceu no **primeiro Congresso Internacional de Polícia Criminal**, realizado em **Mônaco, em abril de 1914**. A convite do Príncipe Alberto I de Mônaco, advogados e policiais de 24 países discutiram cooperação na resolução de crimes, identificação técnicas e extradição.

A reunião foi um grande sucesso, mas os planos tiveram que ser adiados devido à eclosão da Primeira Guerra Mundial.

1923 – são lançadas as bases

A ideia de um órgão policial internacional foi reavivada pelo **Dr. Johannes Schober**, Presidente da Polícia de Viena (Áustria). Ele convocou o **segundo Congresso Internacional de Polícia Criminal em Viena, Áustria, em 1923**. Estiveram presentes representantes de 20 países.

A sede da Polícia de Viena, onde foi realizado o segundo Congresso Internacional de Polícia Criminal.[95]

Os países participantes foram:

- Áustria
- Checoslováquia
- Dinamarca
- Egito
- Fiume[96]
- França
- Alemanha
- Grécia
- Hungria
- Itália
- Japão
- Letônia
- Holanda
- Polônia
- Romênia
- Suécia
- Suíça
- Peru
- Estados Unidos da América

---

[95] INTERPOL. Disponível em: <https://www.INTERPOL.int/Who-we-are/INTERPOL-100> Acesso em: 25 Jul 2023.
[96] O Estado Livre de Fiume foi uma cidade-estado da história contemporânea, que existiu entre 1920 e 1924, na atual cidade de Rijeka, na Croácia.

- Iugoslávia

Participantes do segundo Congresso Internacional de Polícia Criminal em Viena, Áustria, 1923.[97]

Em 7 de setembro de 1923, a reunião concordou em estabelecer a **Comissão Internacional de Polícia Criminal (ICPC)**. O objetivo geral do ICPC era fornecer assistência mútua entre polícias de diferentes países. A sua estrutura e objetivos foram documentados numa série de **Resoluções**.

Entre os **principais temas** estavam:
- Contato direto com a polícia;
- Cooperação em matéria de detenções e extradições;
- Linguagens comuns;
- Criação de escritórios de falsificação de moeda, cheques e passaportes;
- Técnicas e registros de impressões digitais.

Estes **princípios** ainda são relevantes hoje e continuam a figurar entre as suas atividades.

---

[97] INTERPOL. Disponível em: <https://www.INTERPOL.int/Who-we-are/INTERPOL-100> Acesso em: 25 Jul 2023.

Dr. Johannes Schober (1) com participantes no segundo Congresso Internacional de Polícia Criminal.[98]

A **Áustria** ofereceu-se para abrigar e financiar a sede, que foi estabelecida em **Viena**. Johannes Schober tornou-se presidente do Comitê Executivo, sendo o Dr. Oskar Dressler, advogado e chefe da Polícia Federal Austríaca, nomeado secretário.

Johannes Schober, Presidente, e Dr. Oskar Dressler, Secretário, da Comissão Internacional de Polícia Criminal.[99]

1956 – uma INTERPOL modernizada

Em **1956**, o ICPC tornou-se a **Organização Internacional de Polícia Criminal (ICPO-INTERPOL)** com a adoção de uma constituição modernizada. A Organização tornou-se **autônoma** ao cobrar taxas dos países membros e contar com investimentos financeiros.

---

[98] INTERPOL. Disponível em: <https://www.INTERPOL.int/Who-we-are/INTERPOL-100> Acesso em: 25 Jul 2023.
[99] Ibidem.

Estão disponíveis vários livros históricos e outras publicações acadêmicas que incluem detalhes aprofundados sobre as origens da Comissão Internacional de Polícia Criminal, a tomada do poder nazista e a reconstrução da INTERPOL como Organização Internacional de Polícia Criminal.

A lista a seguir é uma **lista não exaustiva de publicações** e não pretende ser um endosso ou que o conteúdo represente necessariamente as opiniões da Organização:

- Policiamento da Sociedade Mundial por Mathieu Deflem (2002)
- Verfolgung durch Verwaltung: Internationales Verbrechen und internationale Polizeikooperation Jens Jäger (2006)
- Interpol, Fenton S. Bresler (1992)
- Interpol: Questões no Crime Mundial e na Justiça Criminal Internacional Michael Fooner (1989)

Interpol antes e depois

A ideia por trás da criação da INTERPOL **em 1923 era encontrar formas de ajudar a polícia de diferentes países a cooperar na resolução de crimes**, nomeadamente através de procedimentos de **prisão e extradição, técnicas de identificação e a ideia de registos criminais centralizados**.

Embora o mundo tenha mudado imensamente ao longo do último século, muitos destes princípios continuam a sustentar o seu trabalho hoje.

A Organização Internacional de Polícia Criminal

Embora sejam amplamente conhecidos como INTERPOL, seu nome formal é **Organização Internacional de Polícia Criminal-INTERPOL,** que é abreviado para **"ICPO – INTERPOL"**.. Foi criado pela adoção da Constituição em 13 de Junho de 1956 na 25ª Assembleia Geral em Viena.

Para fins de comunicação geral, dizemos apenas INTERPOL. É uma abreviatura de **"polícia internacional"** e foi escolhida em 1946 como endereço telegráfico.

Ficou sediada em Paris de 1946 a 1989, quando foi transferida para **Lyon (ambas na França), onde ainda permanece**.

O emblema

O emblema, em uso desde 1950, é composto pelos seguintes elementos:

* **O globo**, para indicar que nossas atividades são mundiais;
* **Ramos de oliveira** simbolizando a paz;
* **Balanças** simbolizando justiça;
* **Uma espada vertical**, simbolizando a ação policial;
* **O nome** "INTERPOL";
* **A abreviatura** "ICPO" e seu equivalente francês "OIPC".

Os membros fundadores são:

Argentina, Austrália, Áustria, Bélgica, **Brasil**, Birmânia, Camboja, Canadá, Ceilão, Chile, Colômbia, Costa Rica, Cuba, Dinamarca, República Dominicana, Egito, Eire, Finlândia, França, República Federal Alemã, Grécia, Guatemala, Índia, Indonésia, Irão, Israel, Itália, Japão, Jordânia, Líbano, Libéria, Líbia, Luxemburgo, México, Mónaco, Países Baixos, Antilhas Holandesas, Nova Zelândia, Noruega, Paquistão, Filipinas, Portugal, Sarre, Arábia Saudita, Espanha, Sudão, Suriname , Suécia, Suíça, Síria, Tailândia, Turquia, Reino Unido da Grã-Bretanha e Irlanda do Norte, Estados Unidos da América, Uruguai, Venezuela, Jugoslávia.

Crescimento no número de membros

O número de membros cresceu ao longo dos anos. Em parte devido à adesão de Estados soberanos recém-criados à Organização, nomeadamente após uma onda de descolonização na segunda metade do século XX e o fim da Guerra Fria.

Em 1967, possuíam 100 países membros, que aumentaram para 150 países em 1989 e atingiram os atuais 195 em 2021.

3.2. Estrutura da INTERPOL

A INTERPOL é composta pela **Secretaria-Geral**, **Escritório Central Nacional (ECN)** e **Assembleia-Geral**.

3.2.1. Secretaria-Geral

A **Secretaria-Geral** coordena as atividades diárias para combater uma série de crimes. Dirigido pelo Secretário-Geral, é composto por **policiais** e **civis** e compreende uma **sede em Lyon**, um **complexo global de inovação em Singapura** e **vários escritórios satélites** em diferentes regiões.

A INTERPOL é uma **organização baseada em membros** e a **Secretaria-Geral** é **o órgão que coordena** todas as nossas atividades policiais e administrativas. É dirigido pelo Secretário Geral; atualmente Jürgen Stock da Alemanha, nomeado pela Assembleia Geral em novembro de 2014.

Existem cerca de 1.000 funcionários de 120 países diferentes. Os funcionários estão baseados no edifício principal em Lyon (França), no Complexo Global para Inovação em Singapura ou num dos escritórios satélites.

Aproximadamente **um quarto do pessoal** são **agentes policiais** destacados pelas suas administrações nacionais; **três quartos** são **funcionários públicos internacionais** contratados diretamente pela Organização.

Aceitam candidaturas de cidadãos de todos os nossos países membros para garantir que a Organização permaneça verdadeiramente representativa. Os funcionários trabalham em **quatro línguas de trabalho (árabe, inglês, francês**

e espanhol), mas é necessário um conhecimento prático de **inglês** para a maioria dos cargos.

Os **valores da equipe** são respeito, integridade, excelência, trabalho em equipe e inovação. As ações e o comportamento de todos os funcionários devem ser guiados por estes valores nas suas atividades diárias.

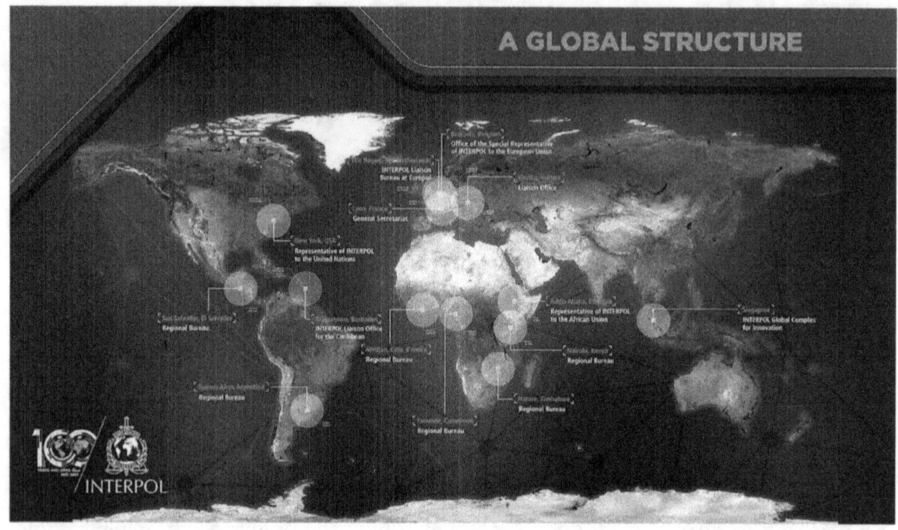

Fonte: INTERPOL[100]

A **direção** e a **política** da INTERPOL são decididas pelos países membros através dos **órgãos de governo**: a **Assembleia Geral** e o **Comité Executivo**.

A natureza global do trabalho e dos membros significa que uma presença global é essencial para a Secretaria-Geral. Compreende o seguinte:

Sede de Lyon - França

A sede em Lyon coordena grande parte dos conhecimentos e serviços policiais que prestam aos países membros. É também o **centro administrativo e logístico** da Organização.

---

[100] INTERPOL. Disponível em: <https://www.INTERPOL.int/Who-we-are/INTERPOL-100> Acesso em: 25 Jul 2023.

Sede da INTERPOL, em Lyon[101]

Complexo Global da INTERPOL para Inovação

Com sede em **Singapura** desde 2015, o **Complexo Global para Inovação** da INTERPOL é o **centro das atividades** em matéria de **cibercriminalidade**, **investigação** e **desenvolvimento** e **capacitação**. Também fornece uma base asiática para a Organização em diversas áreas do crime.

Complexo Global de Inovação da INTERPOL - IGCI[102]

3.2.2. Escritório Central Nacional (ECN)

Em cada país-membro, tem ao menos um **Escritório Central Nacional (ECN)** da INTERPOL, que constitui o **ponto central de contacto** para o Secretariado-Geral e outros ECN. Um ECN é dirigido por **funcionários da polícia nacional**

---

[101] INTERPOL. Disponível em: <https://www.INTERPOL.int/Who-we-are/INTERPOL-100> Acesso em: 25 Jul 2023.
[102] Ibidem.

(geralmente federais) e normalmente pertence ao **ministério governamental responsável pelo policiamento**.

Isto liga a **aplicação da lei nacional** a **outros países** e ao **Secretariado-Geral** através da **rede global segura de comunicações policiais** chamada I-24/7.

Muitos crimes têm hoje um aspecto internacional; pense em crimes cibernéticos, fugitivos ou bens roubados ou ilícitos que são conduzidos por grupos do crime organizado. Quando um crime ultrapassa a sua jurisdição nacional, um país precisa de apoio internacional para o resolver.

O coração da INTERPOL

Os ECN estão no **centro da INTERPOL** e da forma como trabalham. Procuram as informações necessárias junto de outros ECN para ajudar a investigar crimes ou criminosos no seu próprio país e partilham dados e informações criminais para ajudar outro país.

No âmbito do seu papel nas investigações globais, os ECN trabalham com:
- Agências de aplicação da lei em seu próprio país
- Outros ECN e Sub-Escritórios em todo o mundo.
- Os escritórios da Secretaria-Geral em todo o mundo.

Os ECN também podem desenvolver programas de **formação para a sua polícia nacional**, a fim de aumentar a sensibilização para as atividades, serviços e bases de dados da INTERPOL.

Compartilhando dados criminais

Os ECN contribuem com **dados nacionais sobre criminalidade** para as **bases de dados globais**, de acordo com as respetivas leis nacionais. Isso garante que dados precisos estejam no lugar certo e na hora certa para permitir que a polícia identifique uma tendência, previna um crime ou prenda um criminoso. Por exemplo, os **Avisos Vermelhos** alertam a polícia de todos os países sobre pessoas procuradas.

Cooperando nas investigações

Os ECN cooperam em investigações, operações e detenções transfronteiriças. Para levar as investigações para além das fronteiras nacionais, podem procurar a cooperação de qualquer outro ECN.

Tendo em conta os problemas comuns enfrentados em cada região, os ECN trabalham em conjunto cada vez mais numa base regional. Combinam recursos e conhecimentos especializados em intervenções bem-sucedidas contra as áreas de criminalidade que mais os afetam.

Quem trabalha em um ECN?

A composição de um ECN varia de país para país, mas normalmente fazem parte da **força policial nacional** (geralmente policiais federais) e são compostas por **agentes policiais altamente qualificados**.

Os ECN estão muitas vezes **estruturados numa unidade próxima do chefe da polícia nacional** e a maioria deles **tem autoridade para desencadear ações de aplicação da lei nos seus próprios países**.

Conferência dos Chefes do ECN

Os funcionários dos ECN moldam as atividades e planos da INTERPOL, reunindo-se todos os anos na Conferência dos Chefes dos ECN. Isto proporciona um fórum único para construir relacionamentos e trabalhar em conjunto para encontrar soluções conjuntas para desafios comuns. Muitos Dirigentes da HCB também participam na nossa Assembleia Geral.

Contato com o público

Os ECN da INTERPOL **não respondem aos pedidos do público em geral**. Qualquer pessoa que pretenda denunciar um crime ou fornecer informações sobre uma investigação internacional deverá contactar a **polícia local** ou **nacional**, que por sua vez contactará o ECN.

Escritórios Regionais

Os **seis Escritórios Regionais reúnem a polícia de uma região** para partilhar experiências e resolver problemas comuns de criminalidade:

1. Argentina (Buenos Aires)
2. Camarões (Yaundé)
3. Costa do Marfim (Abidjan)
4. El Salvador (São Salvador)
5. Quénia (Nairóbi)
6. Zimbábue (Harare)

Escritórios de Representação e Ligação

Possui **Escritórios de Representação Especiais** na **União Africana** em Adis Abeba, na **União Europeia** em Bruxelas e nas **Nações Unidas** em Nova Iorque.

Tem também **Escritórios de Ligação** no Gabinete das Nações Unidas contra a Droga e o Crime, em Viena, na Europol, em Haia, e para a região das Caraíbas, em Bridgetown, Barbados.

Esta presença permite trabalhar em estreita colaboração com estas entidades que partilham a nossa missão de prevenir e combater a criminalidade transnacional. Também desenvolvem esforços conjuntos para melhorar a segurança regional e global.

3.2.3. *Assembleia-Geral*

A **Assembleia Geral** é o **órgão de governo** e reúne **todos os países uma vez por ano para tomar decisões.**

Fonte: INTERPOL[103]

A **Assembleia Geral** é o **órgão supremo de governo** da INTERPOL, composta por representantes de cada um dos nossos países membros. **Reúne-se uma vez por an**o e cada sessão dura cerca de quatro dias.

Cada país membro pode ser representado por **um ou vários delegados** que normalmente são **chefes de polícia** e **altos funcionários do ministério**.

O seu **objetivo** é garantir que as atividades da INTERPOL correspondam às necessidades dos países membros. Far-se-á determinando os **princípios** e **medidas** para a Organização atingir os seus objetivos e revendo e aprovando o programa de atividades e a política financeira para o próximo ano.

---

[103] INTERPOL. Disponível em: <https://www.INTERPOL.int/Who-we-are/INTERPOL-100> Acesso em: 25 Jul 2023.

Além disso, a **Assembleia Geral** elege os **membros da Comissão Executiva**, o órgão dirigente que fornece orientação e direção entre as sessões da Assembleia.

Na agenda de cada ano estão também as **principais tendências de criminalidade e ameaças à segurança** que o mundo enfrenta.

Sendo a **maior reunião mundial de altos funcionários responsáveis pela aplicação da lei**, a **Assembleia Geral** também proporciona uma oportunidade importante para os países estabelecerem redes e partilharem experiências.

Um país, um voto

A **Assembleia Geral** toma **decisões** sob a forma de **Resoluções**. Cada país membro representado tem **um voto**. O processo de tomada de decisão é feito por maioria simples ou por maioria de dois terços, dependendo do assunto. Estas **Resoluções** são documentos públicos e estão disponíveis desde 1960 até a data atual neste site.

Comitê Executivo

A **Comissão Executiva** é o **órgão dirigente** encarregado de **supervisionar** a execução das decisões da Assembleia Geral e a administração e trabalho da Secretaria Geral. Reúne-se três vezes por ano.

Os membros do Comitê ocupam o **mais alto nível de policiamento nos seus próprios países** e trazem muitos anos de experiência e conhecimento para aconselhar e orientar a Organização. Sua função é:

* Supervisionar a execução das deliberações da Assembleia Geral;
* Preparar a agenda das sessões da Assembleia Geral;
* Submeter à Assembleia Geral qualquer programa de trabalho ou projecto que considere útil;
* Supervisionar a administração e o trabalho do Secretário-Geral.

Eleito pela Assembleia Geral, o **Comitê Executivo** é **composto por 13 membros**, sendo o Presidente da Organização, três vice-presidentes e nove delegados. São todos de países diferentes e a distribuição geográfica é equilibrada.

O **presidente** é eleito por **quatro anos** e os vice-presidentes e delegados por três. Não são imediatamente elegíveis para reeleição, nem para os mesmos cargos, nem como delegados do Comité Executivo.

O **Brasil** é membro desde 6 de outubro de 1986. Possui uma **representação daquela instituição** denominada de **Escritório Central Nacional – ECN/Brasília**. Mais conhecido como **INTERPOL/BRASIL**, sediada em Brasília-DF, a cargo da **Polícia Federal – PF**, o qual faz parte da unidade de Coordenação Geral de Cooperação Internacional, é autorizada e designada pelas autoridades governamentais brasileiras, no que tange às atividades funcionais e aos seus objetivos.. Entretanto, **existe um ECN em cada estado brasileiro**. Ressalta-se que entre 2014 e 2018 o ECN nacional coordenou mais de 200 prisões de fugitivos internacionais em nosso país.

3.3. Sistema de comunicações I-24/7

A INTERPOL conecta todos os países-membros através de um **sistema de comunicações** chamado **I-24/7**. Os países utilizam esta **rede segura** para entrar em contato entre si e com a Secretaria-Geral. Também lhes permite acessar às bases de dados e serviços da INTERPOL em tempo real, tanto a partir de locais centrais como remotos.

Também conectam as **redes de polícias** e **especialistas em diferentes áreas do crime**, que se reúnem através de **grupos de trabalho** e em **conferências** para partilhar experiências e ideias.

O que a INTERPOL faz?

3.4. Atribuições da INTERPOL

A **Secretaria-Geral** oferece uma **gama de conhecimentos e serviços** aos países membros. Gerenciam **19 bancos de dados policiais** com **informações sobre crimes e criminosos** (desde nomes e impressões digitais até passaportes roubados), acessíveis em tempo real aos países.

Oferecem **suporte investigativo**, como perícia, análise e assistência na localização de fugitivos em todo o mundo. A **formação** é uma parte importante do que fazem em muitas áreas, para que os funcionários saibam como trabalhar de forma eficiente com os seus serviços.

Esta experiência apoia os esforços nacionais no combate ao crime em **três áreas globais** que consideram as **mais urgentes atualmente**: **terrorismo**, **cibercriminalidade** e **crime organizado**.

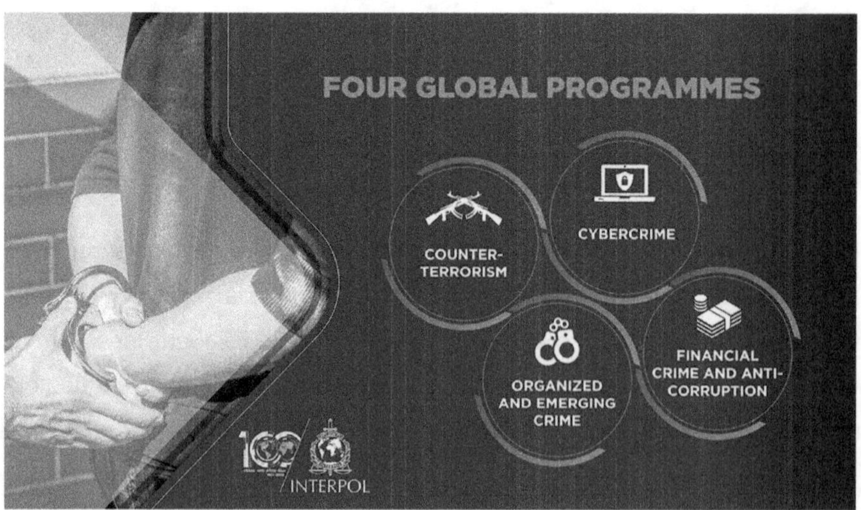

Os funcionários que trabalham em cada área especializada do crime realizam uma variedade de atividades diferentes juntamente com os países membros. Isto pode ser por meio de **apoio investigativo, operações de campo, treinamento e networking**.

É importante ressaltar que, **à medida que os crimes evoluem**, ficam de olho no futuro através da **pesquisa** e do **desenvolvimento no crime** e nas **tendências internacionais**.

Como funciona a plataforma de cooperação da INTERPOL?

3.5.   Plataforma de Cooperação da INTERPOL

Os crimes de hoje são cada vez mais internacionais. É crucial que haja **coordenação entre todos os diferentes intervenientes** na **manutenção de uma arquitetura de segurança global**.

Dado que a INTERPOL é uma **organização global, pode fornecer esta plataforma de cooperação**; permitem que a polícia trabalhe diretamente com os seus homólogos, **mesmo entre países que não têm relações diplomáticas**.

Também **dão voz à polícia no cenário mundial**, envolvendo-nos com governos ao mais alto nível para incentivar esta **cooperação** e a utilização dos serviços.

Todas as ações são **politicamente neutras** e realizadas **dentro dos limites das leis** existentes em diferentes países.

Quais crimes são combatidos por a INTERPOL?

---

[104] INTERPOL. Disponível em: <https://www.INTERPOL.int/Who-we-are/INTERPOL-100> Acesso em: 25 Jul 2023.

3.6. Crimes combatidos por a INTERPOL

A INTERPOL combate os seguintes crimes:

CRIMES COMBATIDOS PELA INTERPOL	
Corrupção	Tráfico de seres humanos e contrabando de imigrantes
Moeda e documentos falsificados	Bens ilícitos
Crimes contra crianças	Crime marítimo
Crime contra o patrimônio cultural	Crime organizado
Crime cibernético	Terrorismo
Tráfico de drogas	Crime veicular
Crime ambiental	Crimes de guerra
Crime financeiro	
Tráfico de armas de fogo	

Quais são os princípios de cooperação policial internacional adotados por a INTERPOL?

3.7. Princípios de Cooperação Policial Internacional adotados por a INTERPOL

Os princípios de cooperação policial internacional adotados pela INTERPOL são **objetivos** da organização garantir e promover a mais ampla e possível assistência mútua entre todas as polícias judiciárias, resguardados os limites da legislação existente em cada país e conforme o espírito da *Declaração Universal dos Direitos Humanos*, bem como apoiar todas as instituições que tenham entre suas finalidades contribuir efetivamente para a prevenção e supressão dos *crimes ordinários* (*ordinary law crimes*), assim entendidos todos aqueles que não tenham caráter político militar religioso ou racial.

São seis os princípios norteadores da cooperação policial internacional:

a) Respeito às soberanias nacionais

As ações de cooperação se dão em conformidade com os limites da legislação ali vigente.

b) Repressão a crimes comuns

É estritamente proibido à INTERPOL processar informação que tenha caráter político, militar, religioso ou racial. A cooperação limita-se ao processamento de delitos do Direito Penal comum. Também não se presta para assuntos de natureza cível, à exceção quando é costumeira ou necessária a intervenção policial, como nos casos de pessoas desaparecidas, catástrofes e desastres naturais etc.

c) Universalidade da cooperação

A assistência independe de relações diplomáticas entre os países membros, dos idiomas neles falados ou orientação política seguida;

d) Igualdade dos países membros

Cada um dos 195 países membros tem à sua disposição os mesmos serviços e goza dos mesmos direitos perante a organização;

e) Extensão da cooperação a outros organismos

Estende-se a cooperação a outras organizações, autoridades e serviços que tenham por função combater crimes comuns. Exemplos no Brasil, Poder Judiciário Estadual e Federal, Ministério Público Estadual e Federal, Polícias Civis, ACAF – Autoridade Central Administrativa Federal, SRF – Secretaria da Receita Federal, BCB – Banco Central do Brasil, DRCI/MJ – Departamento de Recuperação de Ativos e Cooperação Jurídica Internacional, DMC/MJ – Divisão de Medidas Compulsórias, IBAMA – Instituto Brasileiro de Meio Ambiente, IPHAN – Instituto do Patrimônio Histórico e Artístico Nacional, MRE – Ministério das Relações Exteriores, Institutos de Identificação Estaduais.

f) Flexibilidade dos métodos de trabalho

Dispensam-se algumas formalidades nas comunicações sem, no entanto, perder a oficialidade do documento.

A INTERPOL possui um **Sistema de Difusões** utilizado por todos os Escritórios Centrais Nacionais e por eles elaborado eletronicamente e digitalizado nos formulários específicos para cada difusão. Seu objetivo é fornecer aos serviços de polícia dos Estados-Membros as informações concernentes aos indivíduos procurados por crimes, pessoas desaparecidas, corpos não identificados, possíveis ameaças e modus operandi de criminosos. Além disso, as Difusões são usadas pelas Nações Unidas no sentido de alertar as polícias sobre as sanções promovidas pelas Nações Unidas contra a Al Qaeda e o Taliban.

3.8.   Difusões da INTERPOL

As **difusões** são classificadas através de tipologia de cores sendo elas: **vermelha, azul, verde, amarela, preta, laranja** e **difusão especial INTERPOL – Nações Unidas**. Todavia, não existe entre elas um grau de hierarquia, e sim, refere-se aos temas a serem veiculados.

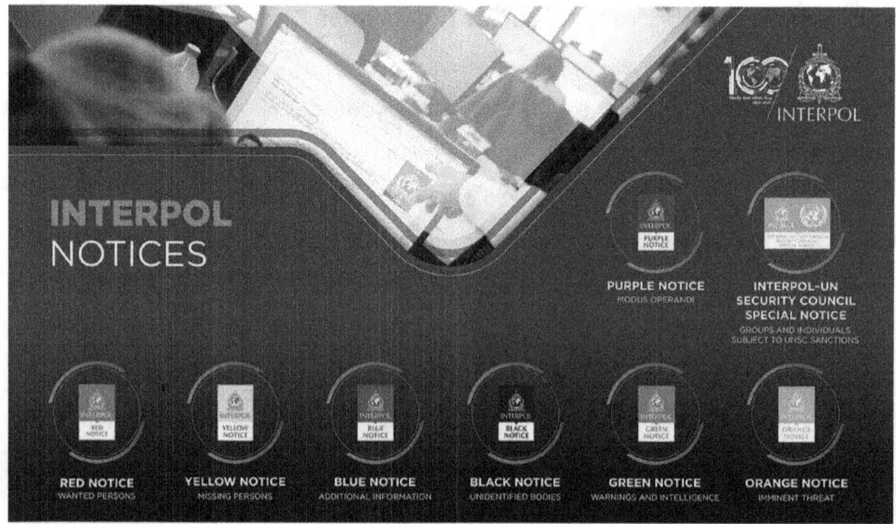

Fonte: INTERPOL[105]

Os **Avisos da INTERPOL** codificados por cores permitem que os países **compartilhem alertas e solicitações de informações** em todo o mundo. São **pedidos internacionais de cooperação** ou **alertas** que permitem à polícia dos países membros **partilhar informações críticas** relacionadas com o crime.

Os avisos são emitidos pela **Secretaria-Geral** a pedido do **Escritório Central Nacional da INTERPOL** de um país membro e são disponibilizados para todos os países membros **consultarem seu banco de dados de Avisos**.

As **notificações** também podem ser emitidas a pedido dos **Tribunais Penais Internacionais** e do **Tribunal Penal Internacional** para procurar pessoas procuradas por cometerem crimes dentro da sua jurisdição, nomeadamente **genocídio, crimes de guerra e crimes contra a humanidade**. Também podem ser emitidos a pedido das **Nações Unidas** em relação à implementação de sanções impostas pelo **Conselho de Segurança**.

A maioria dos Avisos são apenas para **uso policial e não estão disponíveis ao público**. No entanto, um **extrato do Aviso** pode ser publicado neste site se o país requerente desejar **alertar o público** ou **solicitar a sua ajuda**. Todos os **Avisos Especiais das Nações Unidas são públicos**.

Quais são os tipos de Avisos?[106]

O principal alerta é a **Difusão Vermelha**, que tem a finalidade de localizar um criminoso e visa a sua imediata prisão para a extradição à justiça do país requerente. Para a publicação da Difusão Vermelha, a INTERPOL conferiu legitimidade ativa aos países membros por meio de seus ECN's e os Tribunais Penais Internacionais (*International Criminal Courts* – ICC).

---

[105] INTERPOL. Disponível em: <https://www.INTERPOL.int/Who-we-are/INTERPOL-100> Acesso em: 25 Jul 2023.
[106] Ibidem.

Aviso Vermelho: Para buscar a localização e prisão de pessoas procuradas para processo ou cumprimento de pena.

Aviso Amarelo: Para ajudar a localizar pessoas desaparecidas, muitas vezes menores, ou para ajudar a identificar pessoas que não conseguem se identificar.

Aviso Azul: Para coletar informações adicionais sobre a identidade, localização ou atividades de uma pessoa em relação a uma investigação criminal.

Aviso Preto: Para buscar informações sobre corpos não identificados.

Aviso Verde: Para alertar sobre as atividades criminosas de uma pessoa, quando a pessoa é considerada uma possível ameaça à segurança pública.

Aviso Laranja: Para alertar sobre um evento, uma pessoa, um objeto ou um processo que represente uma ameaça grave e iminente à segurança pública.

Aviso Roxo: Para buscar ou fornecer informações sobre *modus operandi*, objetos, dispositivos e métodos de ocultação utilizados por criminosos.

Aviso Especial da INTERPOL – Conselho de Segurança das Nações Unidas: Emitido para entidades e indivíduos que são alvo dos Comitês de Sanções do Conselho de Segurança da ONU.

NOTICES PUBLISHED PER YEAR

RED NOTICE	YELLOW NOTICE	BLUE NOTICE	BLACK NOTICE	GREEN NOTICE	ORANGE NOTICE	PURPLE NOTICE	
2018							
13,516	2,397	4,139	134	827	52	97	19
2019							
13,410	3,193	3,375	256	761	33	92	15
2020							
11,094	2,554	3,966	391	509	39	130	9
2021							
10,776	2,622	3,604	118	1,072	45	107	13
2022							
11,282	2,916	4,073	167	607	43	101	6

Fonte: INTERPOL[107]

Os avisos devem atender aos critérios legais

Um Aviso é publicado apenas se estiver em **conformidade com a Constituição da INTERPOL** e preencher **todas as condições para o processamento da informação** de acordo com **Regras sobre o Processamento de Dados**. Isto garante a **legalidade** e a **qualidade da informação**, bem como a **proteção dos dados pessoais**.

Por exemplo, um Aviso não será publicado se violar o Artigo 3 da Constituição da INTERPOL, que proíbe a Organização de realizar qualquer intervenção ou atividade de carácter político, militar, religioso ou racial.

As solicitações de notificações são analisadas quanto à conformidade com as regras da INTERPOL pela nossa **Força-Tarefa de Notificações e Difusões**; trata-se de uma **força-tarefa** especializada, multilíngue e multidisciplinar, composta por **advogados, policiais** e **especialistas operacionais**.

---

107 INTERPOL. Disponível em: <https://www.INTERPOL.int/Who-we-are/INTERPOL-100> Acesso em: 25 Jul 2023.

Os países membros também podem **solicitar cooperação entre si** através de outro mecanismo conhecido como **"difusão"**. As **difusões** são distribuídas diretamente pelo **Escritório Central Nacional** de um país membro para todos ou alguns outros países membros.

As **difusões** correspondem ao **sistema de codificação por cores dos Avisos**, pelo que existem **difusões vermelhas, amarelas, azuis, pretas, verdes, roxas e laranja**, devendo respeitar a Constituição da INTERPOL e as Normas de Tratamento de Dados.

As divulgações de pessoas procuradas (vermelhas) – aquelas distribuídas para prender, deter ou restringir a movimentação de uma pessoa condenada ou acusada – são verificadas quanto à **conformidade pela Força-Tarefa de Notificações e Difusões.**

Uma **difusão** não será registada na base de dados da INTERPOL se for de **carácter político, militar, religioso ou racial**, em violação do Artigo 3 da Constituição da INTERPOL.

Difusões de pessoas procuradas publicadas por ano				
2018	**2019**	**2020**	**2021**	**2022**
15.763	15.697	13.618	12.940	12.478

Fonte: INTERPOL[108]

Conforme já vimos, **um Aviso Vermelho** é um pedido às autoridades em todo o mundo para **localizar e prender provisoriamente uma pessoa pendente de**

---

[108] INTERPOL. Disponível em: <https://www.INTERPOL.int/Who-we-are/INTERPOL-100> Acesso em: 25 Jul 2023.

extradição, entrega ou ação legal semelhante. Um **Aviso Vermelho não é um mandado de prisão internacional.**

Os indivíduos são procurados pelo país membro requerente ou pelo tribunal internacional. Os países membros aplicam as suas próprias leis ao decidir se devem prender uma pessoa.

A maioria dos Avisos Vermelhos está restrita apenas ao uso policial. Extratos dos Avisos Vermelhos são publicados a pedido do país membro em questão e sempre que a ajuda do público possa ser necessária para localizar um indivíduo ou se o indivíduo puder representar uma ameaça à segurança pública.

Isenção de responsabilidade

Os Avisos que aparecem no site contêm informações que estão sujeitas às regras e regulamentos da INTERPOL, nomeadamente às Regras sobre o Processamento de Dados. **As informações fornecidas nestes avisos só podem ser utilizadas para os fins designados**, nomeadamente para **alertar o público e/ou solicitar informações ao público de acordo com as regras.**As informações fornecidas nesta lista e os avisos individuais **não podem ser utilizados para qualquer outra finalidade ou qualquer finalidade comercial.**

Esta lista é atualizada regularmente pela **Secretaria Geral da INTERPOL** com base nas informações fornecidas pelos países que solicitam a emissão dos avisos e sua publicação neste site.

Avisos

Visualize e pesquise Avisos Vermelhos públicos para pessoas procuradas: https://www.INTERPOL.int/en/How-we-work/Notices/Red-Notices/View-Red-Notices

Fonte: INTERPOL (Ver avisos vermelhos)[109]

Como a INTERPOL atua no combate ao crime internacional?

3.9. Atuação da INTERPOL no mundo

Imagine que **um criminoso procurado fuja de seu país**. O **Escritório Central Nacional daquele lugar incluirá o nome e as informações necessárias sobre o fugitivo**, na chamada **"difusão vermelha",** que nada mais é do que uma lista que circula pelos computadores da INTERPOL de todos os seus 195 membros filiados.

Uma vez localizado o foragido, o país que o capturou entra em contato com o país que o procurava e aguarda que lhe seja apresentado um **pedido de prisão**, caso ainda não exista.

Sendo aceito o pedido de prisão, cabe ao país do criminoso solicitar o **processo de extradição à justiça** da país que efetuou a prisão.

---

109 INTERPOL. Disponível em: <https://www.INTERPOL.int/Who-we-are/INTERPOL-100> Acesso em: 25 Jul 2023.

Concedida a extradição, os agentes da INTERPOL do país solicitante cuidam da operação de transporte e entrega do criminoso à Polícia Federal local.

Como hoje a criminalidade está cada vez mais globalizada, é de suma importância que haja coordenação e cooperação entre todos os diferentes participantes da INTERPOL, para a construção e manutenção de uma arquitetura global de segurança.

3.10. Atuação da INTERPOL no Brasil

Enfrentando o crime organizado nas Américas: O Brasil é o maior país da América do Sul, com 16.000 km de fronteira terrestre e 8.000 km de costa para proteção contra o crime. A sua localização geográfica no coração das Américas e os seus numerosos portos marítimos situados em rotas de transbordo para os mercados globais tornam-no atraente para o crime organizado.

A capacidade de levar as investigações além desta vasta extensão de território para trabalhar com forças policiais de todo o mundo é crucial para salvaguardar a segurança nacional brasileira.

O **Escritório Central Nacional da INTERPOL (ECN) em Brasília** desempenha um papel fundamental na proteção da economia, das instituições e das empresas do país contra o crime global.

O ECN brasileiro faz parte da unidade de '**Coordenação Geral de Cooperação Internacional**' da **Polícia Federal Brasileira**. A polícia de 26 estados utiliza o ECB como porta de entrada para a **cooperação policial internacional**, acessando às bases de dados da INTERPOL e participando em operações regionais, especialmente no domínio das investigações de fugitivos.

Os agentes de imigração têm acesso às bases de dados da INTERPOL para poderem detectar se um viajante é procurado pela INTERPOL ou se viaja com um passaporte roubado. **As embaixadas brasileiras em todo o mundo** consultam os bancos de dados da INTERPOL sempre que um pedido de visto é feito.

Entre 2014 e 2018, o ECN da INTERPOL em Brasília coordenou mais de 200 prisões de fugitivos internacionais no Brasil.

Os **serviços de aplicação da lei no Brasil** são prestados por uma combinação de **órgãos federais** e **estaduais**:

- Policia Federal;
- Polícia Rodoviária Federal;
- Polícia Ferroviária Federal;
- Polícia Militar e Corpo de Bombeiros do Estado;
- Polícia Civil Estadual.

A INTERPOL Brasília ECN faz parte da **Polícia Federal do Brasil**, que está sob o comando do **Ministro da Justiça e Segurança Pública**.

Assim, observa-se, pelo exposto, que a INTERPOL desempenha uma atividade de **cooperação policial internacional** com o escopo de produzir inteligência de interesse para diversas organizações de aplicação da lei em cada um dos países membros da Organização Internacional de Polícia Criminal.

3.11. Exercícios de fixação

Questão 1

A Constituição Federal de 1988 definiu segurança pública como sendo "dever do Estado, direito e responsabilidade de todos.

Sobre os conceitos fundamentais de segurança, marque a alternativa correta:

a) Segurança pública é sinônimo de segurança interna.
b) Polícia é sinônimo de poder de polícia.
c) Poder de polícia é prerrogativa exclusiva das entidades policiais.
d) O que distingue a polícia das demais agências públicas é o uso da força.
e) A polícia judiciária atua sobre pessoas.

Alternativa correta: "e"

Justificativa:
a) Errado. não podemos confundir segurança pública com segurança interna. Enquanto esta se refere à defesa territorial, exercida no Brasil por as Forças Armadas, aquela é de responsabilidade das forças policiais, no Brasil exercida de acordo com a preconizado no Artigo 144 da Constituição Federal.
b) Errado. O poder de polícia consiste em uma série de atividades, desde a regulamentação legal (para fiel execução), passando pelas atividades de fiscalização até a sanção. Já a Polícia, é o órgão público pertencente responsável segurança pública que possui a atribuição para condicionar e restringir o uso e gozo de bens, atividades e direitos individuais, em prol do bem comum e das garantias das instituições democráticas e do próprio Estado

c) Errado. Poder de polícia não se confunde com segurança pública, e, assim, o seu exercício (poder de polícia, deixe-se claro) **"não é prerrogativa exclusiva das entidades policiais"**.
d) Errado. O que distingue a polícia das demais agências públicas, no entanto, **não é o uso da força**, mas a **exclusividade da autorização para usá-la**.
e) Certo. A polícia judiciária atua sobre pessoas (que cometem ilícitos tipificados na legislação penal).

Questão 2

O problema da segurança, analisado sob a vertente da segurança pública, não pode, de forma alguma, se dissociar de uma atuação pautada no respeito, na defesa e na promoção dos direitos humanos.

Considerando o texto acima e as informações apresentadas no curso, assinale a alternativa correta:

Alternativas:
a) Entre reduzir a violência e a criminalidade e respeitar e promover os direitos humanos, deve-se priorizar aquela.
b) As instituições policiais e de justiça criminal experimentaram reformas significativas nas suas estruturas.

c) Não se reduz os índices de violência e criminalidade exclusivamente com a atuação da polícia.

d) A implementação de políticas públicas de segurança pública deve se limitar a atuação das instituições policiais.

e) Os problemas de segurança devem ser enfrentados, apenas, com repressão policial e criação de novos crimes e aumento das penas dos crimes já existentes.

Alternativa correta: "c"

Justificativa:

a) Errado. Deve-se compatibilizar a redução da violência e da criminalidade e, ao mesmo tempo, respeitar e promover os direitos humanos.

b) Errado. As instituições policiais e de justiça criminal **não** experimentaram reformas significativas nas suas estruturas. Avanços eventuais na gestão policial e reformas na legislação penal têm se revelado insuficientes para reduzir a incidência da violência urbana, numa forte evidência da falta de coordenação e controle.

c) Certo. Não devemos policiar os problemas de segurança pública e sim politizá-los, por meio da implementação de políticas públicas, já que os problemas de segurança pública possuem complexidade que reclama um recorte transversal e multidisciplinar.

d) Errado. A implementação de políticas públicas de segurança pública, portanto, pressupõe um conjunto de ações governamentais que não devem se limitar a atuação das instituições policiais.

e) Errado. Os problemas de segurança **não** podem ser enfrentados, apenas, com repressão policial e criação de novos crimes e aumento das penas dos crimes já existentes. É necessário que haja uma atuação integrada e articulada de diversos atores políticos como a polícia, o Judiciário, o Ministério Público, a Defensoria Pública, a Ordem dos Advogados do Brasil, e a atuação maciça estatal nas áreas de saúde, educação, emprego, lazer, saneamento básico, dentre outros.

Questão 3

O objetivo fundamental da segurança pública, dever do Estado, direito e responsabilidade de todos, é a preservação da ordem pública e da incolumidade das pessoas e do patrimônio e se implementa por meio dos seguintes órgãos (art. 144, I a VI, CF/88):

Tendo como base o tema acima, marque a alternativa correta:

Alternativas:
a) A guarda municipal é uma polícia municipal.
b) A Polícia Rodoviária Federal é uma polícia de ciclo completo.
c) As guardas municipais não são órgãos da segurança pública.

d) Os guardas municipais são equiparáveis a policiais.
e) As polícias penais não são órgãos da segurança pública.

Alternativa correta: "c"

Justificativa:
a) Errado. Segundo o STJ, a guarda municipal, **por não estar entre os órgãos de segurança pública previstos no art. 144 da CF, não pode exercer atribuições das polícias civis e militares**; a sua atuação deve se limitar à proteção de bens, serviços e instalações do município. Logo, **não são policiais municipais** e os **guardas municipais não são equiparáveis a policiais**, sendo agentes públicos com atribuição *sui generis* de segurança, pois, embora não elencados no rol de incisos do art. 144, caput, da Constituição Federal, estão inseridos § 8º de tal dispositivo. (STJ. 6ª Turma. REsp 1.977.119-SP, Rel. Min. Rogerio Schietti Cruz, julgado em 16/08/2022 (Info 746).)
b) Errado. A **Polícia Federal** é uma polícia de **ciclo completo**, ou seja, ela é tanto polícia administrativa *stricto sensu*, quanto polícia judiciária (polícia investigativa).
c) Certo. Segundo o STJ, a guarda municipal, **por não estar entre os órgãos de segurança pública previstos no art. 144 da CF, não pode exercer atribuições das polícias civis e militares**; a sua atuação deve se limitar à proteção de bens, serviços e instalações do município. Logo, **não são policiais municipais** e os **guardas municipais não são equiparáveis a policiais**, sendo agentes públicos com atribuição *sui generis* de segurança, pois, embora não elencados no rol de incisos do art. 144, caput, da Constituição Federal, estão inseridos § 8º de tal dispositivo. (STJ. 6ª Turma. REsp 1.977.119-SP, Rel. Min. Rogerio Schietti Cruz, julgado em 16/08/2022 (Info 746).)
d) Errado. Segundo o STJ, a guarda municipal, **por não estar entre os órgãos de segurança pública previstos no art. 144 da CF, não pode exercer atribuições das polícias civis e militares**; a sua atuação deve se limitar à proteção de bens, serviços e instalações do município. Logo, **não são policiais municipais** e os **guardas municipais não são equiparáveis a policiais**, sendo agentes públicos com atribuição *sui generis* de segurança, pois, embora não elencados no rol de incisos do art. 144, caput, da Constituição Federal, estão inseridos § 8º de tal dispositivo. (STJ. 6ª Turma. REsp 1.977.119-SP, Rel. Min. Rogerio Schietti Cruz, julgado em 16/08/2022 (Info 746).)
e) Errado. A EC n. 104/2019 criou as **polícias penais federal, estaduais e distrital** (e não municipal), enquadrando-as como um dos **órgãos de segurança pública** (art. 144, VI). Essas carreiras são decorrentes da **transformação** dos cargos de agentes penitenciários e equivalentes, que agora passam a ser policiais penais.

Questão 4

A natureza do crime organizado é transversal, não é paralela. Se o crime organizado fosse o tal "estado paralelo" de que se fala, conseguiríamos identificá-lo e combatê-lo com muito maior facilidade. Mas é, por sua obliquidade, por sua presença contaminante nas mais glamourosas instituições públicas e privadas, que é tão difícil combatê-lo.

Com base no tema acima, marque a alternativa correta:

Alternativas:
a) O problema da violência e da criminalidade no Brasil não é consequência da pobreza.
b) Um novo paradigma de segurança tem como predomínio na polícia comunitária.
c) O crime organizado está concentrado nas favelas e nos presídios, de forma geral.
d) Um novo paradigma de segurança pública passa por um processo de federalização da segurança pública.
e) Um tratamento multidisciplinar da criminalidade se dá somente sobre o crime.

Alternativa correta: "b"

Justificativa:
a) Errado. Sabemos que esse drama é uma consequência primária da **injustiça social** e não da **pobreza**, ao contrário do que afirma o senso comum. **Pobreza não gera crime e nem violência**
b) Certo. **A polícia predominante** que nós precisamos é a **comunitária**, a **"de proximidade"; as academias de polícia** têm que ser uma referência; é preciso reduzir a letalidade em confrontos; devemos aliar uma **boa prevenção** à **repressão qualificada**.
c) Errado. **O crime organizado** não habita em favelas, não transporta drogas, não se limita a presídios, de maneira geral. **Crime organizado**, por definição, **é de elite**. Lava dinheiro e tem gordas contas internacionais, além de negócios lícitos de fachada, na maioria das vezes.
d) Errado. Um novo paradigma de segurança pública passa por um processo de **municipalização da segurança pública**
e) Errado. Um **tratamento multidisciplinar da criminalidade** se dá não somente sobre o **crime**, mas também sobre **suas causas**.

Questão 5

Autoridade Central é o órgão responsável pela boa condução da cooperação jurídica que cada Estado realiza com os demais países. Cabe à Autoridade Central receber, analisar, adequar, transmitir e acompanhar o cumprimento dos pedidos de cooperação jurídica.

Com base na temática acima, marque qual órgão público é a Autoridade Central da Cooperação Jurídica Internacional no Brasil:

Alternativas:
a) STF
b) STJ
c) TRF
d) CNJ
e) Ministério da Justiça

Alternativa correta: "e".

Justificativa:

No Brasil, o **Ministério da Justiça** foi designado para exercer o papel de Autoridade Central para cooperação jurídica internacional, missão esta comprida por intermédio do Departamento de Recuperação de Ativos e Cooperação Jurídica Internacional (DRCI) e do Departamento de Estrangeiros (DEEST), nos termos do Decreto nº 6.061/2007.

CONSIDERAÇÕES FINAIS

A **violência**, conforme vimos, é um **problema social global** que atravessa a história da humanidade, sendo encontrada em todas as sociedades e tradições culturais. Trata-se de uma problemática interdisciplinar que hoje tem um lugar garantido enquanto foco de atenção da mídia, do discurso político e da sociedade. Já a **violência urbana persiste** como **um dos mais graves problemas sociais no Brasil,**

Os estudos confirmam o **diagnóstico de violência feito pelos historiadores: a violência criminosa era um modo normal de comportamento num mundo em que os meios jurídicos eram inacessíveis à maioria**

Portanto, os **conhecimentos históricos** permitem perceber uma **progressiva civilização dos costumes** e uma **diminuição da violência criminosa**. Tal processo tem como contrapartida uma **gestão cada vez mais restritiva da vida social** e a **ascensão dos controles sociais**. Em todo caso, se há um aumento da violência, ela não se encontra do lado da criminalidade, ou então é porque **nos tornamos extraordinariamente sensíveis a uma insegurança que nunca foi tão fraca.**

Por outro lado, **a mídia tem um fator preponderante no sentimento de insegurança das pessoas. Uma das consequências mais importantes da ação da mídia** é contribuir para **tornar a violência irreal, banalizando as imagens.** Dessa forma, **questionamos se o que houve foi um aumento da criminalidade ou o que houve foi o aumento da divulgação desses crimes por meio da mídia? Ou o que houve foi um aumento do número de registros de crimes nos órgãos de controle social?**

Vimos que, malgrado o que acredita o senso comum, o problema da violência não deve ser **policiado** e sim **politizado**, por meio de **Políticas Públicas** multidisciplinares, transversais, dentre as quais, **Políticas Públicas de Segurança Pública**

Que **os problemas da violência e criminalidade devem ser enfrentados por todos: sociedade** e **Estado**. Em outras palavras, a **polícia** é só um dos instrumentos de enfrentamento da violência e da criminalidade, não o principal nem o único.

A **polícia** atua de forma a **preventiva**, evitando que o crime aconteça, e **repressiva**, prendendo os que cometeram crimes. Mas, perceba, ela atua na **consequência** do problema. Nesse sentido, deve-se atuar também, e principalmente, na **causa** dos problemas que geram a violência e insegurança pública: enfrentar a **causa** e a **consequência** desses problemas concomitantemente.

Esclarecemos que **a polícia não reduz a violência** e sim **reduz o sentimento de insegurança,** com sua presença ostensiva e com as prisões de criminosos.

Desmistificamos a ideia do senso comum também de que é possível **acabar com a violência ou com a criminalidade**. Na verdade **esse pensamento é errôneo, pois sempre haverá violência**. Isso **porque ela é um fenômeno social, intrínseco à própria condição humana e da vida sem sociedade**.

Por outro lado, a os crimes de hoje são cada vez mais internacionais. É crucial que haja coordenação entre todos os diferentes intervenientes na manutenção de uma arquitetura de segurança global. Os Estados, atados à burocracia usual e a restrições financeiras, têm na tecnologia e cooperação internacional sua arma mais poderosa.

Dado que a INTERPOL é uma organização global, pode fornecer esta plataforma de cooperação; permitem que a polícia trabalhe diretamente com os seus homólogos, mesmo entre países que não têm relações diplomáticas.

Também dão voz à polícia no cenário mundial, envolvendo-nos com governos ao mais alto nível para incentivar esta cooperação e a utilização dos nossos serviços.

Nesse sentido, o presente estudo teve por **objetivo** estudar a Organização Internacional de Polícia Criminal – INTERPOL, sua criação, estrutura, sistema de comunicações, atribuições, plataforma de cooperação, princípios, difusões, atuação no Brasil e no mundo, etc.

Por outro lado, a os crimes de hoje são cada vez mais internacionais. É crucial que haja coordenação entre todos os diferentes intervenientes na manutenção de uma arquitetura de segurança global. Os Estados, atados à burocracia usual e a restrições financeiras, têm na tecnologia e cooperação internacional sua arma mais poderosa.

Por meio dos escritórios da INTERPOL no Brasil e das representações internacionais da Polícia Federal em dezenas de países, é possível investigar e prender foragidos em quase qualquer lugar do planeta. Casos emblemáticos foram as prisões no Brasil de Pasquale Scotti, mafioso italiano na lista dos 10 mais procurados naquele país e Marcos Figueroa, criminoso mais procurado na Colômbia com mais de 250 homicídios. Outro caso foi a prisão na Tanzânia do casal Lee Ann e Mzee Shabani, acusados do homicídio e ocultação em um freezer do corpo do próprio filho de 7 anos, em São Paulo.

Dado que a INTERPOL é uma organização global, pode fornecer esta plataforma de cooperação; permitem que a polícia trabalhe diretamente com os seus homólogos, mesmo entre países que não têm relações diplomáticas.

Também dão voz à polícia no cenário mundial, envolvendo-nos com governos ao mais alto nível para incentivar esta cooperação e a utilização dos nossos serviços.

Nesse sentido, o presente estudo tem por **objetivo** estudar a Organização Internacional de Polícia Criminal – INTERPOL, sua criação, estrutura, sistema de comunicações, atribuições, plataforma de cooperação, princípios, difusões, atuação no Brasil e no mundo, etc.

REFERÊNCIAS BIBLIOGRÁFICAS

ADORNO, Luís; MUNIZ, Tiago. As 53 facções criminosas brasileiras. *In:* **Anuário Brasileiro de Segurança Pública:** Especial Eleições 2022. Fórum Brasileiro de Segurança Pública, 2022.

ADORNO, Sérgio; ALVARADO, Arturo. Criminalidade e a governança de grandes metrópoles na América Latina: Cidade do México (México) e São Paulo (Brasil). In: LESSING, Benjamin; MONTEIRO, Joana; MISSE, Michel (Org.). **Dilemas, Revista de Estudos de Conflito Controle Social** – Rio de Janeiro – Edição Especial nº 4 – 2022 – pp. 79-115.

ANDRADE, Arnaldo Rosa de. **Planejamento estratégico**: formulação, implementação e controle. 2. ed. São Paulo: Atlas, 2016.

BALESTRERI, Ricardo. Um novo paradigma de segurança pública. *In*: COSTA, IF., and BALESTRERI, RB., orgs. **Segurança pública no Brasil**: um campo de desafios [online]. Salvador: EDUFBA, 2010, pp. 57-67.

BALTAZAR JÚNIOR, José Paulo. **Crimes Federais**. 5ª ed. Porto Alegre: Livraria do Advogado, 2010, p. 505- 512) apud ADI 4414/AL-STF.

BRASIL. **Anuário Brasileiro de Segurança Pública 2018-2021**. Especial Eleições 2022. Fórum Brasileiro de Segurança Pública, 2022. Disponível em: <https://forumseguranca.org.br/wp-content/uploads/2022/07/anuario-2022-ed-especial--OLDv1.pdf>. Acesso em: 20 Ago 2023.

BRASIL. Ministério da Justiça e Segurança Pública. **Cartilha de Cooperação Jurídica Internacional em matéria Penal**. Brasília: Ministério da Justiça, 2014. Disponível em: < https://www.gov.br/mj/pt-br/assuntos/sua-protecao/lavagem-de-dinheiro/drci/publicacoes/manuais/cooperacao-juridica-internacional-em-materia-penal/cartilha-penal-09-10-14-1.pdf

BRASIL. Ministério da Justiça e Segurança Pública. Secretaria Nacional de Segurança Pública. **Relatório de gestão**. Brasília: exercício 2021.

CERQUEIRA, Daniel *et al.* **Atlas da Violência 2019**. Brasília: Ipea; FBSP, 2019. Disponível em: <https://www.ipea.gov.br/portal/images/stories/PDFs/relatorio_institucional/190605_atlas_da_violencia_2019.pdf>. Acesso em: 22 jun. 2023.

CERQUEIRA, Daniel *et al.* **Atlas da Violência 2020**. Brasília: Ipea; FBSP, 2020. Disponível em: <https://www.ipea.gov.br/atlasviolencia/download/24/atlas-da-violencia-2020>. Acesso em: 22 jun. 2023.

CERQUEIRA, Daniel *et al.* **Atlas de Violência 2021**. São Paulo: FBSP, 2021, p. 11. Disponível em: <https://www.ipea.gov.br/atlasviolencia/arquivos/artigos/5141-atlasdaviolencia2021completo.pdf>. Acesso em: 22 jun. 2023.

CERQUEIRA, Daniel. **Mapa de homicídios ocultos no Brasil**. Texto para Discussão 1848, Brasília, DF, Instituto de Pesquisa Econômica Aplicada (Ipea), jul. 2013.

DIREITO INTERNACIONAL, Legislação. **Convenção das Nações Unidas contra o Crime Organizado Transnacional** - Convenção de Palermo. Adotada e proclamada pela Assembleia Geral da Organização das Nações Unidas em Nova York, de 15 de novembro de 2000. Disponível em <http://www.planalto.gov.br/ccivil_03/_ato2004-2006/2004/decreto/d5015.htm>. Acesso em: 27 Jul 2023.

ERNESTO, Leandro Miranda. **Infiltração Policial no Crime Organizado**: sua institucionalidade e relação discricionária persecutória. Rio de Janeiro: Lumen Juris, 2023.

FERREIRA, N.J.C. **Planejamento estratégico em segurança pública**. Disponível em: www.observatoriodeseguranca.org. Acesso em: 08 Jul 2023.

FÓRUM BRASILEIRO DE SEGURANÇA PÚBLICA. **17º Anuário Brasileiro de Segurança Pública**. São Paulo: Fórum Brasileiro de Segurança Pública, 2023. Disponível em: <https://forumseguranca.org.br/wp-content/uploads/2023/07/anuario-2023.pdf>. Acesso em: 02 Ago 2023.

GOMES, Luiz Flávio; CERVINI, Raúl. **Crime organizado**: enfoques criminológico, jurídico (Lei 9.034/95) e político-criminal. 2. ed. São Paulo: Editora Revista dos Tribunais, 1997.

GOMES, Luiz Flávio; SILVA, Marcelo Rodrigues da. **Organizações criminosas e técnicas especiais de investigação:** questões controvertidas, aspectos teóricos e práticos e análise da Lei 12.850/2013. Salvador: JusPodivm, 2015.

HASSEMER, Winfried. **Três temas de direito penal.** Porto Alegre: Publicações Fundação Escola Superior do Ministério Público, 1993.

INTERPOL. *The International Criminal Police Organization*. Disponível em: <https://www.INTERPOL.int/Who-we-are/INTERPOL-100> Acesso em: 25 Jul 2023.

KAHN, Túlio; ZANETIC, André. **O papel dos municípios na segurança pública**. Estudos Criminológicos, n. 4, 2005.

LACERDA, Martins. Bicharada: como e quando surgiu o jogo do bicho? **Revista Galileu.** Ed. 187, fev/07. São Paulo, disponível em: <http://revistagalileu.globo.com/Galileu/0,6993,ECT954023-1716,00.html> acessado em: 10 Jan 21.

LEONARDO, Arquimimo de Carvalho. Segurança, segurança pública internacional e desenvolvimento: contributo para um verbete. Bogotá: **Revista**

Via Iuris, n. 11, 2011, pp. 137-148. Disponível em: <https://www.redalyc.org/articulo.oa?id=273922799008> Acesso em: 23 Jul 2023.

LESSING, Benjamin. Governança criminal na América Latina em perspectiva comparada: Apresentação à edição especial. *In*: LESSING, Benjamin; MONTEIRO, Joana; MISSE, Michel (Org.). **Dilemas, Revista de Estudos de Conflito Controle Social** – Rio de Janeiro – Edição Especial nº 4 – 2022 – pp. 1-10.

MANSO, Bruno Paes; DIAS, Camina Nunes. **A Guerra:** A Ascensão do PCC e o Mundo do Crime no Brasil. São Paulo, Todavia, 2018.

MICHAUD, Yves. **A violência**. São Paulo: Ed. Ática, 1989.

PACHECO, Rafael. **Crime organizado** – medidas de controle e infiltração policial. Curitiba: Juruá, 2008, p. 36.

PORTO, Roberto. **Crime organizado e sistema prisional.** São Paulo: Cortez, 1987.

RODRIGUES, Anabela Miranda. **O direito penal europeu emergente**. Coimbra: Editora Coimbra, 2008.

SALLA, Fernando. Considerações sociológicas sobre o crime organizado no Brasil. **Revista Brasileira de Ciências Criminais**, n. 71, ano 16, mar-abr./2008. São Paulo: RT, 2008.

SARMENTO, Daniel. **Dignidade da pessoa humana:** conteúdo, trajetórias e metodologia. Belo Horizonte: Fórum, 2016

SILVA, Eduardo Araújo da. **Crime organizado** – procedimento probatório. São Paulo: Atlas, 2003.

SILVEIRA, Renato de Mello Jorge. **Direito Econômico como Direito Penal de perigo**. São Paulo: Editora Revista dos Tribunais, 2006.

ULLMAN, Richard H. (1893). *Redefining security*. *International Security*, v. 8, (n. 1), pp. 129-153.

UNODC - *United Nations Office on Drugs and Crime*. *World Drug Report 2014*, *United Nations Office on Drugs and Crime*: Vienna, 2014.

www.ingramcontent.com/pod-product-compliance
Lightning Source LLC
Chambersburg PA
CBHW060950260726
48661CB00005B/1830